**Warum wir Teenies den ganzen Tag online sind –
und warum das okay ist!**

Robert Campe

INHALT

LIEBE ELTERN, LIEBE ERWACHSENE ...

... wenn ihr das hier lest, dann wahrscheinlich deshalb, weil ihr endlich aus erster Hand erfahren wollt, was wir Teenager eigentlich machen, wenn wir gefühlt 15 Stunden am Tag vor unseren Smartphone-Displays kleben. Vielleicht habt ihr selbst Kinder, über die ihr euch nur noch wundern könnt, weil sie sich in Gegenwart von Bildschirmen so seltsam verhalten. Sogar Eltern, die selbst gern und oft im Internet unterwegs sind, stoßen bei Trend-Apps wie Snapchat oder Spotify an ihre Grenzen. Vielleicht habt ihr aber auch absolut keine Ahnung, wo bei einem Computer oben und unten ist, und habt dieses Buch deshalb gekauft, um quasi ins kalte Wasser zu springen. Was auch immer euch dazu getrieben hat, hier einen Blick reinzuwerfen, ich vermute mal ganz stark: Ihr gehört zu einer älteren Generation als ich und seid nicht mit dem Internet, mit Social Media, Smartphones und einer passenden App für jedes noch so verrückte Bedürfnis aufgewachsen. Als ihr zwischen 13 und 17 Jahre alt wart, gab es wahrscheinlich nur irre langsame Computer, die – wenn überhaupt – dann nur für die Arbeit benutzt wurden. Statt mit Handys habt ihr mit Plastiktelefonen mit Wählscheibe in den Trendfarben Beige, Orange oder Grün telefoniert, und dringende Nachrichten wurden mit megalaut ratternden Faxgeräten gesendet. To-do-Listen habt ihr in Notizbücher gekritzelt, Liebesbriefe mit der Post verschickt, Fotos auf Film geknipst und im Labor entwickelt, und die neuesten Blockbuster hießen damals noch ›Spielfilm‹ und liefen entweder im Kino oder pünktlich um zwanzig Uhr fünfzehn in der Glotze.

Meine Eltern und die meiner Freunde erzählen uns natürlich oft und gern von ihrer Jugend. Manche von ihnen würden vielleicht sagen: Früher, bevor sich die Technik so rasend schnell entwickelt hat, dass man alles ständig updaten muss, wenn man irgendwie mithalten will, war die Welt schöner. Der Alltag verlief langsamer, das Kontakte-Halten war ohne diesen ganzen Social-Media-Kram direkter und unkomplizierter und das Leben im Allgemeinen weniger stressig.

Ich sage: Die Welt war einfach anders.

Klar, viele Dinge laufen für uns nach wie vor gleich ab wie bei euch vor dreißig Jahren: Wir gehen wie ihr damals zur Schule, haben Hobbys, stehen auf Filme und Musik und insbesondere darauf, unsere Eltern in den Wahnsinn zu treiben. Doch eine Sache hat sich grundlegend verändert: Wir sind so gut wie immer online. Das fängt morgens nach dem Aufstehen mit dem Checken unseres Instagram-Accounts an, geht tagsüber weiter, wenn wir massenhaft WhatsApp-Nachrichten und Snaps hin- und herschicken, uns Video um Video auf YouTube anschauen und mit der PlayStation 4 im Multiplayermodus mit unseren Freunden *FIFA* zocken, und endet am späten

Abend durch einen Klick auf das X in unserem Netflix-Account. Und weil ihr das mindestens schwierig, wenn nicht sogar besorgniserregend findet und vielleicht gerade mal die Hälfte der eben verwendeten Begriffe verstanden habt, habe ich dieses Buch geschrieben!

Ich gehöre wie eure Kinder zu der Generation, deren Verhalten bei euch Stress auslöst. Ich bin Robert, 16 Jahre alt, und genau wie 99,9 Prozent aller Teenager kenne ich mich mit einer Sache richtig gut aus: dem Internet! Und Smartphones und Apps und Social Media. Und ich finde, es ist an der Zeit, dass mit so einigen Missverständnissen endlich mal aufgeräumt wird.

Es ist zwar ganz lustig: Statt einer WhatsApp-Nachricht schickt Papa mir schon wieder eine SMS, so als hätten wir das Jahr 2000. Mama versucht, ein Foto mit ihrem neuen Tablet zu schießen, aber jedes Mal ist nur ihr Daumen drauf. Geil. Der Lehrer gibt meiner Klasse als Hausaufgabe ein »total schwieriges« Rätsel auf, das dank Google in Sekundenschnelle gelöst ist. Verdammt praktisch.

Aber – glaubt es oder nicht – nicht nur ihr leidet darunter, dass wir euch regelmäßig abschätzende Blicke zuwerfen und mit den Augen rollen, wenn's um das Thema Smartphones und Co geht. Uns Teenager nervt es ganz genauso, wenn ihr wieder mal nichts checkt und uns deshalb das Leben schwerer macht, als es sein müsste. Zum Beispiel wenn ihr im Fernsehen eine Reportage über Onlinestreaming gesehen habt und daraufhin beschließt, auf unserem Computer eine Kindersicherung zu installieren, deren Passwort ihr natürlich prompt vergesst. Oder wenn ihr mal wieder denkt, dass wir das mit dem Im-Internet-Surfen übertreiben, und kurzerhand den Stecker des WLAN-Routers zieht (was im Übrigen nichts bringt – Stichwort ›mobile Datenübertragung‹). Ganz ehrlich: Das sind alles Dinge, auf die wir gut verzichten können!

Mit diesem Buch erkläre ich euch, wie das mit uns Teenies und dem Internet funktioniert. Warum können wir ohne unser Smartphone nicht leben, und was machen wir in den vielen Stunden, die wir jeden Tag online verbringen? Welche Apps sind unsere absoluten Must-haves, und welche sozialen Netzwerke sind schon wieder out? Was hat es mit diesem ganzen Internetvokabular auf sich: ›Hashtags‹, ›Emojis‹ und ›Vlogs‹? Wo und wie streamen wir Filme und Musik – und ist das eigentlich wirklich so dramatisch, wie ihr es euch in euren schlimmsten Albträumen ausmalt?

Diese Antworten und noch viele weitere auf andere Fragen findet ihr auf den nächsten Seiten. Und wer weiß, vielleicht sehen wir uns dann ja demnächst auf WhatsApp!

Viel Spaß!
Robert

(1)

WIE GUT KENNT IHR EUCH MIT DEM INTERNET AUS? DER ULTIMATIVE WISSENSTEST!

Oder auch: Wie sehr braucht ihr dieses Buch? Damit hättet ihr wohl nicht gerechnet, was? Normalerweise sind wir es, die in der Schule bewertet werden – jetzt seid ihr Erwachsenen mal an der Reihe. Die folgenden 16 Fragen werden uns endlich Auskunft darüber geben, wie ahnungslos ihr wirklich seid, wenn es um Social Media, Apps und Co geht. Ich bin gespannt!

1. iPhones laufen mit dem Betriebssystem Apple iOS. Das andere große Betriebssystem für Smartphones heißt ...
    a) Cyborg.
    b) Android.
    c) Robot.

2. Was ist der Unterschied zwischen Emojis und Emoticons?
    a) Emoticons bestehen aus Zeichen, Emojis sind kleine Bilder.

b) Emoticons sind traurige Gesichter, Emojis glückliche.

c) Emojis heißen die Smileys auf WhatsApp, Emoticons werden sie auf Facebook genannt.

3. Welche Farbe hat das Design von Facebook?
   a) Grün
   b) Blau
   c) Rot

4. Welches Sonderzeichen leitet einen Hashtag ein?
   a) *
   b) @
   c) #

5. Bei einem Haul wird ...
   a) die Ausbeute eines Shopping-Trips gezeigt, zum Beispiel in einem YouTube-Video.
   b) zu einem Thema, das gerade auf Twitter trendet, ein Statement abgegeben.
   c) eine Reihe von Bildern auf Instagram hochgeladen, die zusammen eine kleine Geschichte ergeben.

6. Wie viele Zeichen darf ein Post auf Twitter höchstens haben?
   a) 120
   b) 140
   c) 160

7. Welche der folgenden Websites ist kein Onlineshop?

    a) Osyxa

    b) Asos

    c) Zalando

8. Bilder erscheinen im Instagram-Stream ...

    a) in chronologischer Reihenfolge.

    b) geordnet nach der Anzahl der Likes, die sie erhalten haben.

    c) entsprechend einem komplizierten Algorithmus, der die Aktualität und Beliebtheit des Postings sowie die persönlichen Benutzerpräferenzen berücksichtigt.

9. Wer bei Twitter einen Beitrag retweetet, der ...

    a) schenkt einem Beitrag ein Herz.

    b) fügt einem Beitrag einen Hashtag hinzu.

    c) teilt einen Beitrag, der von einer anderen Person verfasst wurde.

10. Das Besondere an Snapchat ist, ...

    a) dass Bilder und Videos von den Empfängern nicht gespeichert werden können.

    b) dass man nur in Form von Audioaufnahmen miteinander chatten kann.

    c) dass man zum Aufnehmen von Bildern nur die Frontkamera seines Handys benutzen kann.

11. Welche der folgenden Apps dient nicht zur Bildbearbeitung?
    a) Retrica
    b) Feedly
    c) Facetune

12. Mit Blogger lassen sich spielend leicht Blogs erstellen. Wie heißt die andere große Plattform, die von vielen zum Bloggen benutzt wird?
    a) TypeEasy
    b) WordPress
    c) LetterPage

13. Von welcher App hat Instagram sich bei den letzten Updates seiner Funktionen ziemlich krass inspirieren lassen?
    a) Snapchat
    b) Pinterest
    c) WhatsApp

14. Wie heißt das beliebte Portal, auf dem man seine alten Klamotten verkaufen kann?
    a) Klamottenbox
    b) Modemarkt
    c) Kleiderkreisel

15. Welcher der folgenden Social-Media-Dienste erlaubt pornografische Inhalte?
    a) Instagram
    b) Pinterest
    c) Tumblr

16. Auf welcher der folgenden Plattformen kann man keine Serien und Filme streamen?
    a) Soundcloud
    b) Amazon Prime
    c) Netflix

Auflösung:

1. b), 2. a), 3. b), 4. c), 5. a), 6. b), 7. a), 8. c), 9. c), 10. a), 11. b), 12. b), 13. a), 14. c), 15. c), 16. a)

Auswertung:

14 und mehr richtige Antworten:
Der Fast-Digital-Native
Habt ihr 14 oder mehr der oben gestellten Fragen richtig beantwortet, dürft ihr euch jetzt ausgiebig auf die Schulter klopfen. Warum genau habt ihr dieses Buch noch mal gekauft? Es sieht so aus, als wüsstet ihr sowieso schon verdammt gut Bescheid. Das Internet und die

Social-Media-Welt sind anscheinend schon euer zweites Zuhause, in dem ihr euch ohne große Schwierigkeiten so bewegt, als wärt ihr ein Kind der Nuller-Jahre. YouTube ist alles andere als ein Fremdwort für euch, Hashtags kennt ihr schon seit gestern, und sogar in der Emoji-Nutzung auf WhatsApp seid ihr Experten. Na, dann herzlichen Glückwunsch!

Zehn bis 13 richtige Antworten:
Der Social-Media-Enthusiast
Herzlich willkommen in der Gruppe der Fortgeschrittenen! Das Internet fandet ihr schon immer spannend und diese ganzen Social-Media-Phänomene sowieso. Facebook, Twitter, Spotify – na klar seid ihr da überall vertreten! Mit Snapchat seid ihr zwar nie so richtig grün geworden und auch euer Instagram-Account hat nicht gerade viele Follower, aber ihr seid stets wissbegierig und wollt alles Neue wenigstens mal ausprobieren. An Grenzen zu stoßen, ist da ganz normal – Hauptsache, der Wille ist da! Viel Spaß noch beim Surfen! Und bei dringenden Fragen blättert doch einfach noch mal ein paar Seiten weiter.

Fünf bis neun richtige Antworten:
Der Gelegenheits-Surfer
Der Computer gehört zu Hause zwar zur Grundausstattung, diese neumodischen Smartphones sind euch jedoch nicht ganz geheuer – muss ja auch nicht. E-Mails

schreibt ihr selbstverständlich, und auch auf Facebook seid ihr ab und zu unterwegs, aber alles, was darüber hinausgeht, schaut ihr euch lieber mit kritischem Blick aus der Ferne an. Statt bei Amazon zu shoppen, geht ihr in einen richtigen Laden, und mit euren Freunden kommuniziert ihr bevorzugt per SMS – oder noch besser: Ihr ruft sie einfach an! Das ist zwar alles ein bisschen von gestern, aber das ist ja auch gar nicht schlimm. Hier und da würde ein bisschen mehr Abenteuerlust trotzdem nicht schaden und könnte euer Leben bereichern – aber was weiß ich Teenager denn schon.

Vier oder weniger richtige Antworten:
Der hoffnungslose Fall
Hand aufs Herz – ihr habt dieses Buch nicht selbst gekauft, sondern es war ein Geschenk beziehungsweise ein Wink mit dem Zaunpfahl eurer verzweifelten Kinder, nicht wahr? Von daher, herzlichen Glückwunsch, dieses Buch ist der erste Schritt zu einer völlig neuen Kommunikation. Ihr mögt mit der Schreibmaschine ja vollauf zufrieden sein, aber ich möchte es euch wirklich ans Herz legen: Computer sind nicht euer Feind! Probiert sie doch mal aus und stellt euch dem Mysterium Internet – ihr könntet eventuell, ganz vielleicht, möglicherweise tatsächlich sogar ein kleines bisschen Spaß haben. Oder zumindest wieder mit dem Rest der Welt in Verbindung treten, der euch schon vor zwanzig Jahren überholt hat ...

2

SMARTPHONE, COMPUTER, TABLET & CO – WARUM WIR ALL DIESE GERÄTE WIRKLICH, WIRKLICH BRAUCHEN

Ohne Smartphone läuft gar nichts. Wie sonst sollen wir den ganzen Tag auf WhatsApp chatten, Videos auf YouTube schauen und unsere Eltern damit in den Wahnsinn treiben? Und wo wir gerade dabei sind: Einen Computer, ein Notebook und ein Tablet brauchen wir auch. Denn ohne die entsprechende Hardware nützen uns auch die coolsten Websites und Apps der Welt nichts. Außerdem sind solche internetfähigen Gadgets natürlich viel mehr als reines Mittel zum Zweck. Sie haben einen ziemlich großen Einfluss darauf, wie unser Alltag aussieht, sie zeigen, dass wir zu einer bestimmten Gruppe gehören, und sind ein echtes Statussymbol. Was früher Adidas-Streifen waren, ist heute der iPhone-Apfel, und statt Sammelkarten zu tauschen, whatsappen wir witzige Clips und Bilder hin und her.

Geräte zum Surfen und Benutzen von Apps und Social-Media-Diensten gibt es mittlerweile in unzähligen Ausführungen, Formen und Farben, und vermutlich trägt jeder Teenager, dem ihr über den Weg lauft, gleich eine ganze Sammlung von diesen Teilen in seiner Jackentasche mit sich herum – zusätzlich zu denen, die er zu Hause stehen und liegen hat. Es gibt da inzwischen die seltsamsten Hybridwesen und normalen Gegenstände mit Onlinefunktion, aber die meistgenutzten und wichtigsten Geräte sind immer noch die Basics, die es schon seit einigen Jahren gibt: der stinknormale Computer beziehungsweise Laptop, das Smartphone und das Tablet.

Und bei der heutigen Auswahl stehen wir Teenager dann regelmäßig vor der Qual der Wahl. Unser finanzielles Budget ist ja meist doch eher knapp, und Weihnachten kommt auch nicht ständig vor. Wenn man seine Geldgeber trotzdem endlich davon überzeugt hat, dass ein Smartphone keineswegs ausreicht, um als Teenager im 21. Jahrhundert zu bestehen, sondern dass der Besitz eines Tablets genauso notwendig ist, steht man schon vor der nächsten Hürde: Bevor wir uns für eine Marke und ein Modell entscheiden, müssen wir die Mutter aller Fragen beantworten: ›Apple oder Windows?‹, oder bei Smartphones und Tablets: ›Apple iOS, Android oder Windows?‹

So eine Entscheidung für oder gegen ein Betriebssystem darf man nicht einfach so treffen. Den meisten Erwachsenen fällt sie schon schwer genug, aber für uns Teenager ist es doppelt wichtig, sich vor einem Kauf Gedanken darüber zu machen, zu welchem Lager wir uns zählen wollen und wie die Neuanschaffung zum Rest unserer internetfähigen Besitztümer passt. Nicht, dass am Ende die Musikbibliothek des Computers nicht mit dem Smartphone sprechen will. Schöner Scheiß! Ganz zu schweigen von den Kommentaren der lieben Mitschüler: »Du hast ein neues Phone, Alter, lass sehen. – Waaas? Ey, Mann, du hast nicht echt ein Windows-Teil gekauft, oder? Wie peinlich ist das denn? Hat das deine Oma ausgesucht? Mein Beileid, echt!«

Oder kürzlich im Hause Campe: Familie versammelt sich zum gemeinsamen Abendessen. Mama links am Tischende, Papa rechts, meine ältere Schwester Ricci und ich sitzen uns mittig gegenüber. Neben meinem Teller mein neues Smartphone, das ich erst am Vormittag gekauft habe: ein Samsung mit Android-Betriebssystem (ich würde nie, nie, nie ein Windows-Phone kaufen!).

Ricci stochert in ihrem Salat herum und schielt auf meine Neuanschaffung. »Bist du sicher, dass du da die richtige Entscheidung getroffen hast?« Zu ihrer Frage rümpft sie die Nase, so als würde von meinem Smartphone ein ekliger Geruch ausgehen.

»Vollkommen sicher. Ist genau das, was ich wollte.«

»Wenn du meinst ...« Sie greift ihr iPhone und tippt ein paar Sekunden auf dem Display herum.

»Nicht mit dem Handy spielen, sondern essen«, brummt mein Vater.

Ricci legt ihr Smartphone beiseite. »Ich meine ja nur. iPhones sind viel besser, sonst wären sie nicht so beliebt.« Sie grinst mich hämisch an, wie es nur große Schwestern können. »Aber wenn dir die schlechtere Variante reicht ...«

Ich stöhne genervt. Ricci und ihr iPhone-Fimmel! Manchmal glaube ich, dass Apple sie bezahlt, so krass wie sie bei jeder sich bietenden Gelegenheit gleich losschwärmt.

»Du, Ricarda, ich glaube, Robert weiß schon, welches Handy für ihn das beste ist«, versucht meine Mutter, die Situation zu entschärfen, weil sie einen ausgewachsenen Geschwisterstreit herannahen sieht.

Zu spät.

»Vielleicht muss ihm auch einfach mal jemand die Augen öffnen«, legt meine Schwester nach. »iPhones sind viel leichter zu bedienen als diese komischen Android-Handys. Die können nicht nur mehr, sondern sehen auch noch besser aus und sind einfach cooler. Deswegen will ja auch jeder eins.«

»Boah, Ricci«, antworte ich, »nur weil jeder ein iPhone will, heißt das noch lange nicht, dass es das bessere Handy ist. Außerdem ist es genau andersrum: Android bietet viel mehr Funktionen als Apple. Das Einzige, wo iPhones wirklich die Nase vorn haben, ist der Preis. Aber wenn du unbedingt tausend Euro für dein Smartphone hinblättern willst ...«

»Man zahlt halt für Qualität!«, kommt die schnippische Antwort zurück.

»Wollen wir uns nicht über was anderes unterhalten?«, schlägt unser Vater vor. Ricci und ich überhören ihn beide.

»iPhones sind wegen jedem Scheiß gleich kaputt.« Ich fange an, mich in Rage zu reden. »Mit Android kann man sein Handy außerdem viel besser personalisieren und einrichten. Bei Apple ist alles schon komplett vorgegeben.«

»Stimmt gar nicht! Und selbst wenn – den ganzen Nerd-Scheiß braucht doch keiner. iPhones funktionieren immerhin.«

»Kommt drauf an, was man machen will.«

Meine Mutter stöhnt. »Wie war's denn heute bei euch in der Schule?« Netter Versuch, Mama!

»Nö. iPhones sind besser!«, beharrt meine Schwester in einer Lautstärke, die in den Ohren wehtut.

»Nein! Android ist besser!«, blaffe ich zurück.

Meine Eltern werfen sich Hilfe suchende Blicke zu.

»iPhone!«

»Android!«

»IPHONE!«

»ANDROID!«

•

Wer die Diskussion an diesem Abend gewonnen hat, ist schwer zu sagen. Ich bin ja der Meinung, dass ich die besseren Argumente hatte; an Riccis bedingungsloser Liebe zu Apple hat sich trotzdem bis heute nichts geändert.

Mit einem hat sie immerhin recht: Tatsächlich greifen die meisten Jugendlichen zu einem iPhone, wenn sie die Wahl haben. Ein iPhone zu haben, gehört sich sozusagen, und wer in irgendeiner Weise cool sein will, muss da schon mitziehen. Dabei wissen viele Leute gar nicht, was genau sie am iPhone eigentlich so viel besser finden als an anderen Smartphones, außer dass es zugegebenermaßen wirklich chic aussieht. Und ja, wenn es um Synchronisierung, Vernetzung und Bedienung der Geräte geht, sind die Produkte mit dem angebissenen Apfel drauf ziemlich überzeugend – wie in dem Apple-Slogan »It just works«.

Auch ich habe schon das eine oder andere Mal darüber nachgedacht, mit der Masse mitzuziehen und ein iPhone auszuprobieren, bin dann aber doch jedes Mal der Android-Fraktion treu geblieben – allein schon, weil ich meiner Schwester den Sieg nicht gönne.

●

Neben dem unverzichtbaren Smartphone habe ich mit einem Computer und einem Tablet wie so viele Teenager alle drei Basics in meiner Geräte-Kollektion. Den Anfang hat übrigens ein ganz normales Nokia-Klapphandy gemacht, das ich in der zweiten oder dritten Klasse bekam und das in der vierten durch den alten Computer meiner Schwester ergänzt wurde. Mit elf habe ich das altmodische Riesenhandy gegen mein erstes Smartphone eingetauscht, und noch mal zwei Jahre später kam schließlich das Tablet dazu. Selbstverständlich wurden alle Geräte mittlerweile upgegradet und durch neuere Modelle ersetzt. Zu Hause habe ich außerdem noch die Standardgeräte wie einen Fernseher und eine PlayStation – so was Ähnliches hattet ihr früher ja auch schon (ich kenne die Legenden von Atari ...), bloß dass unsere Spielkonsolen heute mehr können als eure und wir in HD zocken und glotzen, während ihr früher die Pixel im Gesicht eurer Gegner zählen konntet (falls sie überhaupt ein Gesicht hatten). Daneben bin ich außerdem noch stolzer Besitzer eines etwas außergewöhnlicheren Gadgets: einer Android-Smartwatch – das ist eine Uhr mit Internetzugang.

Mit Abstand am meisten benutze ich mein Smartphone, so wie alle Teenager – und viele Erwachsene mittlerweile ja auch. Es ist ja nicht so, als sei der technische Fortschritt an euch und anderen Eltern komplett vorbeigerauscht.

Wenn morgens um sieben der Wecker klingelt, werfe ich zuallererst mal einen Blick auf mein Handy und checke, ob mir jemand in der Nacht eine Nachricht geschickt hat oder irgendwelche anderen Benachrichtigungen und Posts auf mich warten. Und so geht das dann den ganzen Tag über – man will schließlich nichts verpassen ... kennen manche von euch.

Wenn ich so darüber nachdenke, dann ist es schon komisch, denn ich könnte gar nicht sagen, warum es für mich so megawichtig ist, jede Nachricht sofort zu lesen. Vielleicht ist das so eine Art Kulturdings, also dass es für uns Teenager quasi einfach dazugehört, erreichbar zu sein und so schnell wie möglich zu antworten. So wie man sich heute unter Freunden auf die Schulter klopft oder zur Begrüßung umarmt, statt sich die Hand zu geben. Gewohnheiten ändern sich, und wenn alle bei einer Sache mitmachen, ist man selbst eben auch dabei. Und wenn mein Freund Paul morgens nach dem Aufstehen per Smartphone nachfragt, ob Mathe heute eigentlich wirklich ausfällt, dann ist es klar, dass ich ihm noch vor dem Frühstück antworte: *Klar, Mann, Müller ist noch krank.*

In der Schule sind Smartphones offiziell verboten (das ist bei euch anders, bei euch gibt's sogar so was Cooles wie Diensthandys), aber natürlich sind trotzdem alle jederzeit online. Zwar eher selten im Unterricht, aber auf jeden Fall in den Pausen. In Ausnahmefällen passiert es, dass uns ein Lehrer erlaubt, während der Schulstunde das Smartphone rauszuholen, zum Beispiel weil es eine offene Frage gibt, die keiner beantworten kann, auf die sich aber mit einer kurzen Google-Suchanfrage in Sekundenschnelle die Antwort finden lässt. Da hat dann auch tatsächlich die ganze Klasse etwas davon. So cool können Lehrer sein – manchmal ... okay, selten.

Technologie und Schule?

Apropos Schule: Wo Computer, Internet & Co eine so große Rolle in unserem Leben und generell in der Gesellschaft spielen, wäre es eigentlich ziemlich cool, auch in der Schule zu lernen, wie man mit alldem richtig umgeht oder was für uns sinnvolle Anwendungen sein könnten oder welche abgefahrenen technischen Dinge gerade entwickelt werden, die unser zukünftiges Leben vielleicht mal bestimmen werden. Das ganze Thema ›digitales Zeitalter‹ wäre für uns ein echt wichtiges – und ehrlich gesagt endlich auch mal ein interessantes – Thema, das vielleicht sogar offiziell in die Lehrpläne aufgenommen werden sollte. Die Realität sieht jedoch komplett anders und erschreckend analog aus. In unseren deutschen Schulen herrscht irgendwie nach wie vor Neunzigerjahre-Style. Klar stehen in der Schulbibliothek ein paar Computer herum, aber mit Microsoft Office und dem Internet Explorer auf der Festplatte sind die ja mal wirklich nur mit dem Allernötigsten ausgestattet. An einigen Schulen gibt es zwar Informatikunterricht – da kann man dann endlich lernen, wie uralte PCs funktionieren, sehr nützlich –, aber die meisten meiner Freunde und ich hatten bisher keinen richtig vernünftigen. Ab und an erstellen wir mal eine PowerPoint-Präsentation, aber damit hat es sich dann auch schon. Wie man andere sinnvolle Anwendungen nutzt, brauchbare Inhalte findet oder eine Datenbank anlegt oder auch nur verwendet, so was bringt man uns nicht bei. Das Problem kommt wahrscheinlich daher, dass solche Sachen heutzutage eher vorausgesetzt werden als früher, weil wir im Gegensatz zu unseren Vorgängern mit Computern und dem Internet aufgewachsen sind und in vielen Dingen ja auch einfach besser Bescheid wissen als unsere erwachsenen Lehrer. Manchmal wäre es trotzdem nicht schlecht, gewisse Sachen explizit erklärt zu bekommen und Programme kennenzulernen, die wir freiwillig nie benutzen würden - so was wie Excel zum Beispiel.

Na ja, spätestens wenn wir alt genug sind, um selbst zu unterrichten, werden diese Dinge im Lehrplan ankommen. Fragt sich nur, ob unser Wissen für die neue Schülergeneration dann noch von Nutzen ist ...

Ein Leben ohne Smartphone? Kann ich mir nicht vorstellen. Wenn ich meines mal zu Hause vergesse oder absichtlich liegen lasse, damit es beim Sport nicht geklaut wird, fühle ich mich jedes Mal ... nun ja, nackt nicht gerade, aber es fehlt etwas, und immer wenn ich an meine Hosentasche greife und mein Samsung steckt nicht drin, schrecke ich kurz zusammen und denke, dass ich es verloren habe. Es ist schon krass, wie sehr wir daran gewöhnt sind, dieses kleine Gerät immer und überall dabeizuhaben.

Als mein erstes Smartphone kaputtging, fühlte ich mich komplett von der Außenwelt abgeschnitten. Mit einem Mal war ich nicht mehr auf WhatsApp oder Snapchat erreichbar – genauso gut hätte ich auf den Mond auswandern können (wobei ich mir nicht sicher bin, ob man nicht selbst da inzwischen WLAN hat – per Satellit sollte das doch möglich sein, schließlich leben wir im 21. Jahrhundert!). Gruselig, was ich gerade alles verpasste, einfach nur, weil ich kein Smartphone hatte.

Als mein Vater merkte, wie ich genervt vor mich hin brütete, beschloss er, der Sache auf den Grund zu gehen. »Robert, was ist denn los? Du bist den ganzen Tag schon so miesepetrig.«

»Mein Smartphone ist kaputt, und ich hab nicht genug Geld für ein neues. Und bis Weihnachten dauert's noch einen ganzen Monat«, seufzte ich.

»Ach, du brauchst ein neues Handy?« Seine Augen leuchteten. »Ich hab da was für dich.« Mit diesen Worten verschwand er in seinem Arbeitszimmer.

Aufgeregt sprang ich vom Sofa. Hieß das, ich würde mein Weihnachtsgeschenk schon früher bekommen, weil mein Vater eingesehen hatte, dass ein Leben ohne Smartphone für einen Elfjährigen unzumutbar war? Das hätte ja gar nicht besser kommen können … Papa, du bist der Beste!

Nach ein paar Minuten kam mein Vater zurück ins Wohnzimmer – in der Hand hielt er einen grauen Klotz. »Hier, wusste ich doch, dass ich das noch irgendwo rumliegen hatte«, sagte er und streckte mir das Ding hin: ein zerkratztes Nokia-Handy aus grauer Vorzeit.

»Und … was soll ich damit?«, fragte ich ratlos.

»Na, du brauchst doch ein Ersatzhandy, und das hier funktioniert noch einwandfrei. Da ist sogar Snake drauf, dieses lustige Spiel mit der Schlange. Und es hat Speicherplatz für zwanzig SMS!«

»...« Ich schaute meinen Vater entgeistert an, drehte mich um und ging in mein Zimmer. Heulen. Manchmal glaube ich wirklich, dass meine Eltern von einem anderen Stern kommen ...

Ernsthaft – SMS? Ein Handy ohne Onlinefunktion? So was hat heute keiner mehr. Während man sich früher, als es noch keine Smartphones gab, bewusst dazu entschied, das Modem anzuwerfen, seinen Browser auf dem Computer zu öffnen und ins Internet zu gehen, hat sich diese Frage heute erledigt. Mit dem Handy ist man *immer* online und muss seine E-Mails und andere Nachrichten eben nicht mehr bewusst checken, sondern bekommt sie automatisch auf dem Gerät angezeigt, ohne dass man irgendwas anschalten, geschweige denn sich extra irgendwo einloggen muss.

Die meisten Leute in meinem Alter geben für ihren Handyvertrag monatlich fünfzehn bis dreißig Euro aus und haben damit genug Datenvolumen, um den ganzen Monat über sorgenfrei im Internet zu surfen. Und hat man doch mal mehr Megabyte runtergeladen als vertraglich abgedeckt, heißt das noch lange nicht, dass man bis zum Rest des Monats offline ist, nein, lediglich die Surf-Geschwindigkeit reduziert sich auf ein Minimum, was beim Benutzen ganz normaler Messenger-Apps wie WhatsApp, bei denen hauptsächlich Texte ausgetauscht werden, nicht mal groß auffällt. Und wenn man dann doch mal unbedingt das Highspeed-Internet braucht, sucht man sich halt irgendwo ein freies WLAN oder bestellt bei seinem Anbieter für ein paar Euro neues Datenvolumen nach. Es gibt also keinen Grund, auch nur eine einzige Minute offline zu sein.

•

Auf Platz zwei meiner meistgenutzten Geräte kommt mein Computer. Ihn schalte ich normalerweise ein, um Sachen zu erledigen, die länger dauern als fünf Minuten. Wenn ich etwas für die Schule machen muss zum Beispiel oder wenn ich mir ein paar Folgen irgendeiner Serie reinziehen will. Für alles, was weniger Zeit braucht, benutze ich mein Tablet. Wenn mir mein Freund Paul beispielsweise einen Link zu seinem neuesten YouTube-Fundstück schickt, lohnt es sich nicht, dafür extra den Computer anzuschalten – bis der hochgefahren ist, habe ich Pauls Clip auf meinem Tablet zweimal geschaut! Ich haue mich in meinen Sitzsack und gucke, was er mir schon wieder empfiehlt (den Trailer zum neuen *FIFA 17*, ein Game, auf das ich scharf bin – dazu später mehr). Weil das Display vom Tablet so viel größer ist als das vom Smartphone, macht das Schauen gleich viel mehr Spaß. Und ja, genau das macht es zur megawichtigen Ergänzung zu Smartphone und PC.

Natürlich sind alle meine Geräte miteinander verknüpft, weil ich ja von überall die gleichen Konten benutze. So finde ich den mit dem Smartphone auf YouTube abonnierten Kanal automatisch auch auf meinem PC und meinem Tablet in den Favoriten und muss das nicht für jeden Dienst dreimal anlegen. Das Gleiche gilt für Suchhistorien, Chatverläufe, Posts auf Social-Media-Plattformen ... Handy und Co sind quasi Werkzeuge, mit denen ich auf dieselben Accounts zugreife, deren Inhalte komplett online gespeichert sind. Selbst wenn ich auf meinem Computer ein Word-Dokument erstelle, ist das nicht nur auf dieses eine Gerät beschränkt, sondern auch über mein Handy und mein Tablet zugänglich.

›Cloud‹ heißt das Zauberwort, das einen Speicherplatz im Internet bezeichnet, den man heutzutage überall dazubekommt oder für wenig Geld kaufen kann. Ich benutze zum Beispiel die Cloud von Office, die mit fünfzig GB mehr als genug Speicherplatz für alle meine Dateien bietet. Das ist verdammt praktisch und spart mir das umständliche manuelle Synchronisieren. Ich erinnere mich noch gut an das Chaos im Prä-Cloud-Zeitalter, als man sich ständig fragen musste, auf welchem verfluchten Gerät man die Datei mit dem scheiß Deutschaufsatz abgelegt hatte. »Sorry, hab vergessen, meinen PC mit dem Tablet zu synchronisieren«, zieht bei meinem Deutschlehrer leider nicht.

Übrigens teilen sich meine Mutter, mein Vater, meine Schwester und ich uns eine eigene Familien-Cloud, in der wir zum Beispiel unsere Fotos ablegen, wo sie bequem für alle zugänglich sind. Meine Eltern sind da doch überraschend fortschrittlich.

Meine Mutter besitzt einen eigenen PC, dazu ein Smartphone und ein iPad, und mein Vater hat sein eigenes Notebook und mittlerweile ebenfalls ein Smartphone, was praktisch ist, weil sie so die Notlage erkennen, wenn mal eines meiner Geräte kaputtgeht, und eine Neuanschaffung finanziell unterstützen. Weniger Verständnis bringen sie auf, wenn's darum geht, eines der Gadgets zu ersetzen, obwohl es noch funktioniert. Dabei ist das manchmal genauso wichtig, zum Beispiel immer dann, wenn ein Gerät seinen zweiten Geburtstag feiert. Mit zwei Jahren hat ein Smartphone einfach schon das Greisenalter erreicht, und es gibt keinen Teenager, der nicht spätestens jetzt sehnsüchtig auf ein aktuelles Modell mit schnelleren Funktionen schielt. Schließlich hat immer irgendjemand in der Schule gerade Geburtstag und damit Zugang zum Allerneuesten, sodass man ziemlich schnell hinterherhinkt, wenn man nicht ständig mithält. Also geben wir Teenager generell viel von unserem eigenen Geld für Handys und Co aus, denn – ich erwähnte es ja schon –, Weihnachten und der eigene Geburtstag sind einfach zu selten. Ein Umstand, der nicht nur für uns selbst, sondern auch für unsere lieben Eltern zuweilen ziemlich anstrengend wird.

Letztes Jahr hab ich mir zu Weihnachten ein neues Smartphone gewünscht und meinen Eltern vier Wochen vor Heiligabend ganz genau eingeimpft, welches Modell es sein musste, nichts ahnend, dass nur zwei Wochen später ein noch viel cooleres auf den Markt kommen würde.

»Mama, Papa!«, begann ich am Esstisch, nachdem ich ein paar Stunden zuvor das neue Objekt meiner Begierde entdeckt hatte. »Es gibt ein neues Samsung, das ich doch lieber haben will als das Modell, das ich mir zuerst gewünscht hab.« Ich wollte meinen Eltern gerade den Namen und die Vorteile dieses neuen Geräts erläutern, damit auch ja nichts Falsches im Einkaufswagen landen würde, da unterbrach mich meine Mutter: »Wir haben dein Geschenk doch schon gekauft.«

»Ja, aber ihr habt doch noch den Kassenzettel, oder?«

»Natürlich, aber ...«

»Na, dann ist es ja kein Problem, das umzutauschen!«

Genervt ließ meine Mutter die Gabel auf ihren Teller sinken. Ich wusste, wie sehr sie Elektromärkte hasste, gerade zur Vorweihnachtszeit.

»Danke, Mama!«, grinste ich.

Als wir ein paar Wochen später Bescherung feierten und meine Eltern mir mein Geschenk überreichten, schaute ich sie nur verwirrt an. Das Päckchen war viel zu klein und zu flach für einen Smartphone-Karton. What the ...?! In Sekundenschnelle zerriss ich das Geschenkpapier mit dem rot-goldenen Weihnachtsmuster – und hielt einen Gutschein vom Elektromarkt meines Vertrauens in den Händen. Nicht das erwartete Smartphone, aber genug Geld, um es zu kaufen.

»Wir dachten, so ist es einfacher – für dich und für uns.« Meine Mutter grinste.

Manchmal sind Eltern eben doch gar nicht so doof.

Anderer cooler Elektronikkram – oder: Gadgets, die kein Mensch braucht

Neben Computern, Smartphones und den ganz normalen Standardgeräten kommen ständig irgendwelche anderen Spielzeuge raus, die über neue Funktionen verfügen, ein total neues Design haben oder irgendwelche abgefahrenen Spinnereien erlauben - ihr erinnert euch an meine Smartwatch. Diese intelligente Uhr zeigt einem nicht nur die Uhrzeit an, sondern man kann damit auch auf seine E-Mails und WhatsApp-Messages zugreifen. In der Schule kann das ganz schön praktisch sein, weil man so während des Unterrichts seine Nachrichten lesen kann, ohne sein Handy rauszuholen - was ja verboten ist. Man kann sogar antworten! Zwar nicht so wie mit einem Smartphone, aber wenigstens kann man voreingestellte Texte wie »Okay«, »Ja«, »Nein« oder »Haha« oder einen Smiley versenden.

Das Blöde an solchen und ähnlichen Teilen ist, dass sie meistens nur mit einem Handy oder Tablet funktionieren, über das sie online gehen und ihre Daten beziehen. Ohne diese Verknüpfung könnte ich auf meiner Smartwatch tatsächlich nur die Uhrzeit ablesen. Und auch sonst lassen sich die meisten Apps nicht in ihrem vollen Umfang, sondern nur in sehr abgespeckter Form auf der Watch nutzen. Von Instagram bekomme ich zum Beispiel zwar Benachrichtigungen angezeigt, wenn jemand eins meiner Bilder gelikt hat, Bilder posten kann ich mit der Smartwatch selbst aber nicht. Da muss dann schon wieder das Handy her, was die Uhr zu einer netten Spielerei, aber auch ein bisschen überflüssig macht.

Bislang haben sich solche Spielereien noch nicht durchgesetzt und sind für uns Jugendliche vor allem ein ziemlich teures Nice-to-have. Trotzdem lohnt es sich in meinen Augen, auf dem neuesten Stand zu bleiben, denn wer weiß schon, welches Gerät von heute zum Standard-Teil von morgen wird? Immerhin waren Smartphones ganz am Anfang für viele auch nur eine unnötige Spielerei, die wenig Vorteile gebracht hat, und heute sitzen zur Rushhour die Leute in der U-Bahn, und jeder liest oder hört oder daddelt auf seinem Handy herum. Und vor ganz vielen Jahren soll es tatsächlich Leute gegeben haben, die sich gefragt haben, was dieses Internet überhaupt soll und ob sich das wohl jemals durchsetzen wird ... Na dann!

3

Social Media – bitte, was?

Was geht? Treffen wir uns nachher
12:03

klaro bin um 15 in der stadt ✋ bei corazza?
12:04

kann doch schon 14.30 bin dann aber noch im budni am anderen ende der stadt
12:56

ok ich hol dich ab
12:57

mist soll meiner Mum noch am PC helfen kannst du auch 16.00?!
13:32

lieber 16.30 dann kann ich noch zu saturn
13:32

neue Gadgets auschecken?
13:33

37

yip krieg nen gutschein zum Geb schau
mich schon mal um
13:34

😎
13:34

f*** hab den Bus verpasst komme
10 min später
13:34

ok
16:01

wo steckst du
16:40 Uhr

gleich da
16:40

soll ich dir schon was bestellen
16:42 Uhr

Bananasplit
16:42

Ihr habt früher euren besten Freund angerufen, um euch mit ihm in der Stadt zu verabreden, und wart dann genau zum vereinbarten Zeitpunkt am vereinbarten Ort (wie habt ihr das eigentlich hingekriegt?). Wir dagegen kommunizieren zu jeder Tages- und Nachtzeit mit allen unseren Freunden gleichzeitig – Social Media macht's möglich! Wir tauschen uns mit unseren Schulkameraden im Klassenchat über die Hausaufgaben aus, vernetzen uns mit neuen Bekanntschaften auf Facebook, schicken unserer besten Freundin morgens nach dem Aufstehen als Allererstes einen Snap vorbei und halten uns mit Twitter auf dem Laufenden über die neuesten Trends und Geschehnisse in der Welt. Selbst wenn wir allein in unserem Zimmer sitzen, sind wir nie wirklich allein, denn unser Handy oder Computer verbindet uns rund um die Uhr mit dem Rest der Menschheit.

Mit Smartphones ist Kommunikation nicht nur einfacher und schneller, sondern auch bunter geworden. Hunderte Apps geben uns die Möglichkeit, auf den unterschiedlichsten Wegen miteinander in Kontakt zu treten – in Text-, Bild-, Video- oder Audioform oder alles auf einmal. Smartphones und Social-Media-Apps werden von euch wie von uns benutzt, aber wir sind ganz vorn dabei, wenn es um neue Kommunikationswege und die trendigsten Apps geht. Was gestern in war, ist heute bereits wieder out – dafür gibt es morgen schon eine neue Social-Media-Plattform, die bei keinem Teenager auf dem Handy fehlen darf. Kein Wunder, dass es da manchmal zu Missverständnissen zwischen den Generationen kommt.

Wie cool ist Facebook? Was hat es mit diesem seltsamen Snapchat auf sich, von dem alle reden? Und was ist an WhatsApp so viel besser als am SMS-Schreiben? Hier gibt es die Antworten auf alle Fragen rund um die angesagtesten Social-Media-Plattformen, ohne die wir Teenager einfach nicht leben können.

Alle lieben Facebook – oder doch nicht?

Kürzlich waren wir auf Verwandtschaftsbesuch bei meiner Tante Edith. Es gab Kaffee und Kuchen und dazu den üblichen Familienklatsch und -tratsch. Ich fing gerade an, mich zu Tode zu langweilen, als meine Tante zu mir rüberkam und sich neben mich setzte. Aufgeregt zog sie etwas aus ihrer Tasche: ein brandneues Smartphone – irre!

»Ich hab jetzt auch eins von diesen Dingern«, erklärte sie stolz.

Ich nickte anerkennend – immerhin ein Android, da hatte sie jemand gut beraten.

»Hier macht man es an.« Tante Edith drückte die kleine Taste, das Display leuchtete auf. Eine halbe Stunde später hatte mir Tante Edith die kompletten Funktionen ihres Telefons erklärt und fing gerade damit an, im Menü die Apps durchzuscrollen. Mittlerweile wünschte ich mich weit weg und warf meiner Mutter Hilfe suchende Blicke zu, aber die ignorierte mich gekonnt.

»Oh ja, genau, das hier ist gut.« Meine Tante klickte auf ein blaues Quadrat mit einem weißen ›F‹ in der Mitte. »Kennst du das? Das ist ein Internet-Netzwerk … es heißt Facebook.«

»Mhm«, murmelte ich.

»Das ist gerade richtig im Trend, deshalb hab ich mich da jetzt auch angemeldet. Ich hab schon 56 Freunde.« Sie hielt mir ihre Friendslist ins Gesicht. »Bist du da auch?«

»Klar.«

Sie tippte meinen Namen in die Suchleiste. »Ach ja, hier bist du ja. Und, findest du Facebook auch so toll?«

Bevor ich antworten konnte, zog mein Vater die Autoschlüssel aus der Tasche und rief zum Aufbruch. Uff! Sonst hätte ich Tante Ediths Illusionen zerstören müssen, denn ›toll‹ gehört absolut nicht zu den Worten, die mir einfallen, wenn ich an Facebook denke.

Aber fangen wir mal von vorn an: Facebook kennt jeder. Selbst ihr Angehörigen der Wählscheibentelefon-Generation habt bestimmt zumindest schon mal was davon gehört, wenn ihr nicht sogar selbst einen Account besitzt. Denn jünger als Tante Edith seid ihr dann vermutlich doch. Wie (alt) auch immer, an Facebook kommt man heutzutage nicht so leicht vorbei. Ich habe gerade mal nachgeschaut, und laut eigener Aussage treiben sich auf Facebook weltweit jeden Monat ganze 1,49 Milliarden aktive Nutzer herum. Wow!

Falls ihr es trotzdem irgendwie geschafft habt, von Facebook bisher noch gar nichts oder nur sehr wenig mitzubekommen, hier die harten Fakten: Facebook ist ein Medienkanal oder eine Social-Media-Plattform, auf der jeder Mensch ein eigenes Profil erstellen und sich mit seinen Freunden und Bekannten aus dem echten Leben verbinden kann. Aber nicht nur das! Wenn man erst mal seinen virtuellen Freundeskreis aufgebaut hat, geht's erst richtig los. Auf seiner Pinnwand, der ›Timeline‹, kann jeder User Inhalte wie Texte, Bilder und Videos teilen, die seine Freunde dann auf ihrer Startseite zu sehen bekommen. So ist es einfach, darüber auf dem Laufenden zu bleiben, was die ›Facebook Friends‹ gerade treiben – online zumindest. Und wenn man's etwas privater mag und nicht alles auf der Timeline posten will, kann man Direktnachrichten an seine Freunde schicken, ohne dass es ein anderer mitkriegt.

Was wirklich jeder kennt, selbst die, die noch niemals eine Facebook-Seite gesehen haben, ist der weiße Daumen-hoch, mit dem man alles und jeden auf Facebook ›liken‹ kann: Fotos, Texte, Bands, Filme, Sportler oder Klamottenmarken – eben einfach alles! So wie wenn du mit deinen Freunden beim Zocken abhängst und deine Mutter kommt rein und bringt euch Chips und Cola. Ey, Daumen hoch, Mama, ist echt cool von dir, danke!

Likt man die ganze Seite eines anderen Facebook-Users (zum Beispiel die der Lieblingsband), erscheint das auf dem eigenen Profil, sodass alle wissen, was du gern hörst. Außerdem bekommt man auf der Startseite von Facebook Status-Updates der gelikten Seiten angezeigt, damit man auch ja nichts verpasst. Auch diese Updates kann man liken, wenn man das denn möchte.

Überhaupt ist Liken ein ganz großes Ding auf Facebook. Man kann seine Begeisterung zwar auch anders zeigen – zum Beispiel mit einem Herz, einem ärgerlichen oder lachenden Smiley –, aber der ›Daumen hoch‹-Button wird wohl immer das Markenzeichen von Facebook bleiben.

Neben dem Liken kann man Beiträge auch kommentieren oder sie teilen, das heißt, den Hinweis aufs neue Album der Lieblingsband auf die eigene Seite übernehmen und so befreundete Facebooker darauf aufmerksam machen – vielleicht hören sie ja dasselbe gern.

Teilen, Liken und Kommentieren sind, wenn ihr so wollt, wie der gute alte Nachbarschaftstratsch, nur dass man eben nicht nebeneinander wohnen und sich über den Gartenzaun hängen muss, um sich auszutauschen.

Das klingt erst mal alles ganz gut, und es muss ja auch einen Grund geben, warum Facebook in den letzten Jahren so unglaublich bekannt geworden ist. Die Plattform ist super zur Selbstdarstellung und praktisch, um mit Menschen in Kontakt zu bleiben, die man im echten Leben nicht so oft sieht.

•

Am Abend nach dem Gespräch mit Tante Edith loggte ich mich bei Facebook ein, um ihre Freundschaftsanfrage zu bestätigen, nicht dass sie mir sonst beim nächsten Kaffeeklatsch ihren oberleckeren Käsekuchen verweigern würde! Als diese Katastrophe durch artige Bestätigung abgewendet war (hey, ihr kennt Tante Ediths Käsekuchen nicht, dafür würdet ihr euch sogar mit Prinzessin Lillifee befreunden!), scrollte ich mich durch meinen Newsfeed.

Der erste Post auf meiner Timeline zeigte ein verpixeltes Strandfoto mit Palmen und blauem Meer. »So schön hier, will nie wieder weg«, lautete der Text dazu. Vanessa, die Mutter einer Freundin aus Grundschulzeiten, war anscheinend gerade im Urlaub.

Darunter kam ein Link zu einem Beitrag in der *Süddeutschen Zeitung*, der meinen Onkel Peter dazu inspiriert hatte, einen Facebook-Post in der gleichen Länge des Zeitungsartikels zu schreiben.

Mehr lesen klickte ich, nur um gleich wieder den *Zurück*-Button in meinem Browser zu drücken, als der massive Textblock auf meinem Display auftauchte. Nein danke, keine Lust auf einen ganzen Roman.

Ich scrollte nach unten.

Als Nächstes fand ich ein Video. Ich klickte auf *Play* und verbrachte eine Minute damit, einem winzigen Hamster dabei zuzuschauen, wie er einen ebenso winzigen Burrito aß. Okay, zugegeben, ganz süß.

Noch mal scrollen.

Ein Bild von einem pinken Lipgloss tauchte auf. Die ältere Schwester einer Schulkameradin von mir machte bei einem Gewinnspiel mit und hatte das Bild geteilt, um ebenjenen Lipgloss zu gewinnen. Oookay ...

Es folgten Babyfotos, ein paar ›lustige‹ Videos, jemand, der sich nicht entscheiden konnte, was er zum Abendbrot essen sollte, und beschlossen hatte, seine Facebook-Freunde um Rat zu fragen.

Ich schaute auf die Uhr. Oh Mann, schon eine halbe Stunde um! Schnell abmelden!

... und genau das, liebe Tante Edith, ist der Grund, warum wir Jugendlichen Facebook *nicht* cool finden! Langweilige Urlaubsfotos, politische Diskussionen, die in Kommentarspalten ausgetragen werden, zugegebenermaßen niedliche, aber doch sinnlose Tiervideos und eben der ganze Rest – ist das wirklich euer Ernst? Wie haltet ihr Erwachsenen das nur aus? Ich kenne wirklich kaum jemanden in meinem Alter, der so viel Zeit auf Facebook verbringt wie die Generation(en) vor uns. Wir Teenager benutzen hauptsächlich andere Social-Media-Kanäle, die mehr zu bieten haben (dazu später mehr).

Zwar bin ich selbst fast jeden Tag auf Facebook online, aber nur für allerhöchstens zehn oder fünfzehn Minuten. Ich checke kurz, ob jemand etwas auf meine Timeline gepostet hat, ob ich irgendwo markiert oder zu einem Event eingeladen wurde, logge mich gegebenenfalls ein und schaue nach, ob mich die neuen Inhalte interessieren. Meistens ist das nicht so. Und schon bin ich wieder draußen.

Vor allem stört mich die Werbung – insbesondere die personalisierten Anzeigen, in denen plötzlich Sachen zu sehen sind, die ich kurz davor in einem Onlineshop angeschaut habe. Immer wieder gruselig! Natürlich hat man das Problem auch auf anderen Websites, und wenn man Facebook ansonsten echt mag, lässt sich über die Hinweise auf – in meinem Fall – Handys und Games vermutlich hinwegsehen. Daneben kann ich aber auch mit dem Algorithmus von Facebook, der bestimmt, was ich auf meiner Startseite zu sehen bekomme, nicht besonders viel anfangen. Denn dort kriege ich nicht nur Posts von Menschen, mit denen ich befreundet bin, oder Seiten, die ich gelikt habe, angezeigt. Nö, da erscheinen auch Beiträge von Seiten, mit denen ich nix zu tun habe. Die bekomme ich immer dann zu sehen, wenn einer meiner Facebook-Freunde deren Inhalt gelikt oder einen Kommentar dazu hinterlassen hat. Es mag ja schön für Lena sein, dass sie süße Katzenvideos toll findet, aber warum muss ich mir das anschauen, obwohl ich Maunzi mit Schlagsahne in den Schnurrhaaren kein Like gegeben habe? Ganz ehrlich, das nervt! Auf meiner Startseite würde ich gern nur die Sachen sehen, die mich interessieren und bei denen ich dementsprechend auf den weißen Daumen gedrückt habe. Das sollte doch eigentlich nicht so schwer sein ... oder?

Überhaupt stört mich an Facebook, dass ich es nicht auf mich persönlich zuschneiden kann. Oft wird ein Video so häufig geteilt, gelikt oder kommentiert, dass es plötzlich überall auftaucht und einen fast erschlägt. Besten Dank, denn so kenne auch ich jetzt diesen neuesten Geistesblitz irgendeines Comedians, der mir eigentlich ziemlich egal ist.

Und selbst wenn ich wirklich mal ein Video angezeigt kriege, das mich interessiert und mir gefällt: Mein Like bekommt dann nicht mal der ursprüngliche Poster – also der Urheber des Videos –, nein, das ›Gefällt mir‹ geht an denjenigen meiner Freunde, der es geteilt hat. Wie unfair ist das denn?! Wenn ich etwas mag und das mit dem ›Daumen hoch‹ zeige, dann soll das Like bitte schön auch an der richtigen Stelle ankommen.

Übrigens ist Facebook ein echter Besserwisser. Es zeigt mir nämlich nicht nur ständig Sachen an, die mich nicht interessieren, es präsentiert sie mir auch noch in einer total chaotischen Reihenfolge. Irgendwann mal war die Facebook-Startseite chronologisch aufgebaut, aber das ist *sehr* lange her. Mittlerweile glaubt Facebook, selbst am besten zu wissen, *was* ich *wann* sehen will, und reiht es mir entsprechend auf. Da kommt's dann leicht mal vor, dass Onkel Peters Live-Kommentar zum gerade laufenden EM-Fußballmatch in der Timeline so weit nach unten rutscht, dass ich ihn erst sehe, wenn draußen längst der Autocorso vorbeigefahren ist und die Nachbarn besoffen Siegeshymnen grölen. Da lasse ich das mit Facebook lieber gleich.

Okay, nicht ganz. Ich bin auf Facebook, seit ich acht bin, und war damit einer der ersten angemeldeten User in meinem Freundeskreis. Damals habe ich mir einen Account erstellt, weil meine Schwester dauernd davor abhing und irgendwelche Onlinegames spielte. Wie kleine Brüder halt so sind, wollte ich das auch! Schwupps, Eltern gefragt, ich war angemeldet und von da an genauso im Spielfieber. Und ja, das hat Spaß gemacht, insbesondere weil man solche Games auf Facebook auch zusammen mit seinen Freunden spielen kann – da hat der Grundgedanke von Facebook – Leute zu verbinden – tatsächlich funktioniert!

In den letzten Jahren habe ich 573 Facebook-Freunde angesammelt, von denen die meisten Menschen sind, die ich zwar kenne oder zumindest mal getroffen habe, mit denen ich im echten Leben aber nicht so viel oder auch gar nichts zu tun habe. Neben meinen richtigen Freunden sind das viele Schulkameraden, Leute aus dem Sportverein, Bekannte, Freunde von Freunden, Freunde meiner Eltern – auch wenn's eher weniger Erwachsene sind. Und obwohl ich mich nicht mit allen Leuten auf meiner Freundesliste regelmäßig austausche, finde ich es gut, dass Facebook die Möglichkeit bietet, mit all diesen Menschen in Kontakt zu bleiben.

Sicher ist: Ich werde mich bei Facebook nicht abmelden und auch weiterhin meinen Platz in Tante Ediths Freundesliste einnehmen, einfach weil es so praktisch ist, sich mit allen möglichen Leuten zu verbinden und dadurch – wenn auch nur theoretisch – in Kontakt mit ihnen zu bleiben. Was ich und andere Teenager an Facebook mögen, ist also vor allem diese Basic-Funktion des Netzwerkens. Für alles andere nutzen wir andere Social-Media-Kanäle wie zum Beispiel WhatsApp. Warum? Weiterlesen!

Reden war gestern – warum wir Teenager nur noch whatsappen

Vor ein paar Jahren, als die Sache mit den Smartphones noch etwas neuer war, saß ich im Wohnzimmer auf dem Sofa und whatsappte mit meinem Freund Paul. Zuerst kotzten wir uns über unseren Deutschlehrer aus, dessen Unterrichtsstil wir beide richtig ätzend finden, dann ließen wir noch mal das letzte Hockeygame Revue passieren und beschlossen am Ende, uns nächste Woche fürs Kino zu verabreden. Während ich konzentriert in die Tastatur meines Smartphones haute, war meine Mutter mit Aufräumen beschäftigt und lief kreuz und quer durchs Zimmer, staubte hier etwas ab, räumte da etwas zusammen, wischte den Tisch ab – so was eben. Als sie das fünfte Mal an mir vorbeikam und ich immer noch in mein WhatsApp-Gespräch vertieft war, blieb sie stehen.

»Du spielst die ganze Zeit nur noch mit deinem Telefon!«, beschwerte sie sich. »Das geht doch nicht, immer so allein. Willst du nicht mal wieder Zeit mit deinen Freunden verbringen? Was ist denn zum Beispiel mit Paul?«

Ich hob meinen Blick vom Handy und schaute sie verblüfft an. »Äh, Mama ... was denkst du denn, was ich hier gerade mache?«

»Na, du sitzt vor deinem Handy und spielst sinnlos herum.«

»Nee, tue ich nicht. Ich sitze vor meinem Handy und rede mit Paul.«

Meine Mutter schielte ungläubig auf mein Smartphone. »Was? Ehrlich? Schreibt ihr die ganze Zeit SMS?«

»Nein, wir chatten auf WhatsApp. Das geht übers Internet und kostet kein Geld so wie SMS.« Zur Demonstration hielt ich ihr den Chatverlauf vors Gesicht.

»Oh. Aber kann Paul denn nicht einfach herkommen, das wäre doch viel einfacher ...«, wandte sie ein.

»Nein, kann er nicht, weil er auf seine Schwester aufpassen muss. Und ich muss außerdem gleich lernen, weil wir morgen einen Englischtest schreiben. Wir haben beide eigentlich keine Zeit, deshalb schreiben wir kurz auf WhatsApp. Ist doch besser, als wenn ich gar nicht mit meinen Freunden reden würde, oder?«

Meine Mutter runzelte die Stirn. »Ja, schon, da hast du eigentlich recht. Kannst du mir dieses WhatsApp denn auch mal auf meinem Handy installieren?«

What?!

Hm. Aber warum eigentlich nicht?

»Ja, Mama, mach ich. Gleich morgen nach der Schule.«

Mittlerweile ist meine Mutter selbst ein großer Fan von WhatsApp und trifft ihre Verabredungen mit ihren Freundinnen nur noch im Chat. Sogar ihr Friseur hat ein Profil und verteilt Termine auf virtuellem Weg.

Aus meinem und dem Leben meiner Freunde ist WhatsApp jedenfalls nicht mehr wegzudenken. Unter Jugendlichen ist es das absolute Must-have, wenn es um Apps fürs Smartphone geht. Und das geht anscheinend nicht nur uns so, denn mit über einer Milliarde aktiven Nutzern weltweit ist WhatsApp der absolute Gigant unter allen existierenden Messenger-Services. Umgerechnet heißt das, dass jeder siebte Mensch auf der Welt whatsappt. Ganz schön krass, oder?

Dabei besticht WhatsApp vor allem durch seine Einfachheit. Wenn man es herunterlädt und installiert, wird automatisch ein Profil erstellt, das mit der eigenen Handynummer verknüpft ist. Das alles funktioniert ohne großen Schnickschnack. Man kann ein Foto hochladen, einen Namen angeben und zwischen verschiedenen Statusmeldungen wählen (›Verfügbar‹, ›Akku fast leer‹ oder intelligenter Weise auch ›Hey there! I am using WhatsApp.‹) oder seine eigene schreiben. Aber all das muss man nicht, und es geht auch ohne. Denn WhatsApp ist in erster Linie für eine Sache da: fürs schnelle chatten – wie der Name schon sagt.

Und das machen wir Teenager wirklich ununterbrochen. Über WhatsApp hin und her zu schreiben, ist für uns so selbstverständlich, wie es für die Generation vor uns das Telefonieren war. Wirklich jeder, den ich kenne und der ein Smartphone besitzt, hat die App heruntergeladen und benutzt sie regelmäßig. Ich persönlich bin beinahe ununterbrochen auf WhatsApp online. Die App zu checken und darüber ganz nebenbei mit Freunden zu schreiben, gehört einfach zu meinem Leben dazu, darüber denke ich schon gar nicht mehr nach.

Neben Privatchats gibt's übrigens auch die Möglichkeit, mit mehreren Leuten gleichzeitig in einer Gruppe zu chatten, was megapraktisch ist, wenn man ein gemeinsames Event planen will. Von Pauls Vater weiß ich, dass in dessen Firma mittlerweile zum Beispiel alle Meetings per WhatsApp abgemacht werden.

Ich habe quasi für alle Bereiche in meinem Leben einen eigenen Gruppenchat: Meine Klasse betreibt einen, meine Hockeymannschaft, es gibt Chats mit verschiedenen Freundesgruppen und sogar einen Familienchat. Besonders praktisch daran ist, dass man auf diese Weise Informationen einfach und unkompliziert mit mehreren Leuten teilen kann, ohne die Nachricht doppelt und dreifach tippen zu müssen. Zum Beispiel haben wir in der Schule einen Plan hängen, der anzeigt, wann Stunden ausfallen oder vertreten werden. Sobald sich für unsere Klasse etwas ändert, lädt der Nächste, der es bemerkt, ein Foto des Plans in unseren Klassenchat – und alle wissen Bescheid. Das hat mir schon die eine oder andere Stunde Extraschlaf eingebracht. Megapraktisch!

Die Gruppenchats sind aber auch deshalb gut, weil man schnell Antworten auf Fragen kriegt, denn irgendjemand sieht die Nachricht garantiert sofort und antwortet auch gleich. Früher musste man noch gezielt jemanden anrufen, wenn man vergessen hatte, was in Deutsch auf ist. Heute reicht eine Anfrage im Klassenchat – innerhalb von ein paar Sekunden wünscht man sich, man hätte nie gefragt, weil man jetzt so ein beknacktes Liebesgedicht interpretieren muss.

Zum Glück ist WhatsApp auch zum Abschreiben sehr praktisch: Wenn jemand die Aufgabe schon erledigt hat, lädt er ein Bild der Lösung hoch, und wir anderen können uns zurücklehnen. Total easy ...

»Und wer hat die Lösung von Aufgabe 2 b?«, fragte unser Mathelehrer Herr Müller letztens.

In der ersten Reihe meldete sich Ann-Kathrin: »Zwei Fünftel.«

»Das stimmt leider nicht. Wie bist du denn darauf gekommen?«

»Ähh ...«, stotterte meine Klassenkameradin. »Weiß ich jetzt gerade auch nicht so genau.«

Herr Müller zog die Augenbrauen hoch und wandte sich Niklas zu: »Was hast du denn für ein Ergebnis?«

»Hm. Ich hab da irgendwie auch zwei Fünftel.«

Herr Müller seufzte. »Und du, Nazri?«

»Ja, also ... ich auch. Da haben wir wohl den gleichen Fehler gemacht«, nuschelte sie.

Ich schaute mich um. Ungefähr zwei Drittel der Klasse starrten angestrengt auf ihr Heft und versuchten unter allen Umständen, den Blickkontakt zu Herrn Müller zu vermeiden. Das waren wohl die zwei Drittel, die das falsche Ergebnis gestern auf WhatsApp von Marie abgeschrieben hatten. Auch ich senkte den Blick – in meinem Heft stand ebenfalls zwei Fünftel.

»Wer hat denn was anderes als zwei Fünftel?«, fragte Herr Müller schließlich genervt.

Vorn rechts meldete sich Jule. »Drei Achtel!«

»Genau«, lobte Herr Müller. »Und was ist mit dem Rest? Alle falsch abgeschrieben, oder was?«

Yip, Volltreffer. Sehr gut, Herr Müller!

Das kann schon mal passieren ... Danke, Marie! Meistens läuft es zum Glück aber besser und erspart einem viel Stress. Denn wer möchte noch wie früher innerhalb von zwei Minuten vor der Schulstunde mit rasendem Puls die Lösungen abschreiben, weil er am Tag zuvor wieder mal zu faul war? Eben.

•

Mit jeder neuen Methode zur Kommunikation verändert sich die Art und Weise, *wie* man kommuniziert. Das ist auch bei WhatsApp so. Die Nachrichten, die man dort austauscht, sind auf keinen Fall so förmlich wie E-Mails (die schon nicht mehr so geschwurbelt sind wie Briefe), aber das ist ja auch das Gute daran – man spart sich eine Menge sinnloser Floskeln. Ansonsten ist es bei WhatsApp so wie im echten Leben: Wie genau ein Gespräch abläuft, hängt immer davon ab, mit wem man gerade schreibt. Mit manchen Leuten tausche ich zum Beispiel fast nur Sprachnachrichten aus – aufnehmen geht einfach schneller als tippen (dafür gibt's einen extra Knopf, den man bloß antippen muss). Anderen Leuten schicke ich nur Textnachrichten, weil es sich irgendwie so eingebürgert hat. Und weil man ja nicht überall seine Nachrichten abhören kann (Stichwort ›U-Bahn‹ und ›Rushhour‹).

Da wir WhatsApp meist für den schnellen Austausch nutzen, tippen wir viel in Abkürzungen, sehr viel mehr, als man das bei einer E-Mail oder so macht. Jeder WhatsApper versteht zum Beispiel ›ka‹ oder ›kp‹ – gleich: ›keine Ahnung‹ oder ›kein Plan‹. Für euch: ›Ich weiß nicht‹. Gern verwendet man auch ›wtf‹ für ›What the fuck‹, wenn man irgendwas besonders krass oder lustig findet. Und Worte wie ›vielleicht‹ würde ich im WhatsApp-Chat ebenfalls niemals ausschreiben, weil sich ein ›vllt‹ einfach viel schneller tippen lässt.

Klar, dass so eine verkürzte Textnachricht ab und zu mal zu Missverständnissen führt. Deshalb gibt's bei WhatsApp die sogenannten *Emojis*, die wir unter fast alle Nachrichten drunterpacken. Ursprung dieser kleinen lustigen Bildchen sind *Emoticons* (kennt ihr, ganz sicher!) – Zeichenkombinationen, die wie ein Gesicht aussehen und mit denen man Emotionen ausdrücken kann. Das typischste ist der fröhlich lächelnde Smiley :-) und sein Kollege, das traurige Gesicht: :-(. Auf nicht ganz uralten Geräten und Anwendungen werden diese Smileys automatisch in Grafiken umgewandelt, sodass man statt einem Haufen Zeichen ein richtiges Gesicht sieht: 😊.

Emojis sind quasi eine Weiterentwicklung dieser Oldschool-Smileys. Sie umfassen nicht nur die typischen gelben Gesichter, sondern unzählige andere Symbole und Bilder. Es gibt Tiere, Häuser, Sonne, Mond und Sterne, verschiedene Handzeichen, Kleidungsstücke, Obst und Gemüse, Elektrogeräte, Flaggen, Herzchen, einen Weihnachtsbaum ... Die Liste lässt sich endlos fortsetzen!

So kann man seine gewhattsappten Aussagen kommentieren, um Missverständnisse zu vermeiden. Dieser Kollege hier 😉 verrät dem Empfänger zum Beispiel, dass er die Nachricht nicht allzu ernst nehmen soll, weil sie witzig gemeint ist. Das ist besonders praktisch, weil in der schriftlichen Kommunikation ja gerade der Humor öfter mal flöten geht. Was nicht heißt, dass man nicht ab und an auch mal beleidigt ist – hier der letzte Chat mit meiner Schwester:

Auf Deutsch:

    Ricci: *Du bist so blöd, Mann!*

Ich: *Wieso das denn?!*

    Ricci: *Nur so.*

Ich: *Du kannst mich mal!*

    Ricci: *War doch nur Spaß, Brüderchen.*

Zugegeben, solche Dialoge sind recht sinnfrei, aber wär's euch lieber, wenn wir unseren Stress wie ihr früher lautstark über den Flur gebrüllt austragen würden? Na also, gebt's doch zu – wir sind viel leiser als ihr!

Wobei ich zugeben muss: Alles hat seine Grenzen. Meine Mutter zum Beispiel wird manchmal unangenehm kreativ, wenn's um Emojis geht. Einmal bekam ich vor dem Hockeytraining folgende Nachricht von ihr:

What the ...?!

Bevor ich mich lange mit der Interpretation der Nachricht beschäftigen konnte, musste ich aufs Feld. Nach dem Training hatte ich die Message total vergessen und wartete wie immer auf dem Parkplatz darauf, dass meine Mutter mich abholen würde. Als sie nach zehn Minuten immer noch nicht da war, fiel mir die seltsame Nachricht wieder ein. Ein Auto und ein rotes X? Mir schwante was ...

Holst du mich nicht ab? tippte ich.

Keine Antwort. Ich wartete ein paar Minuten, aber nachdem mein Smartphone weiterhin still blieb und ich immer genervter wurde, gab ich es auf und trottete langsam zur Bushaltestelle – wo mir, wie hätte es auch anders sein können, der Bus direkt vor der Nase wegfuhr. Eine Dreiviertelstunde später kam ich völlig abgekämpft und schlecht gelaunt zu Hause an. Meine Mutter stand in der Küche und schnippelte Gemüse, als ob nichts wäre.

»Mama, wo warst du denn?«, blaffte ich.

»Hey, was ist denn das für ein Tonfall?«, beschwerte sie sich. »Ich war mit Heike einen Kaffee trinken und hab es deshalb nicht geschafft, dich abzuholen. Hast du meine Nachricht denn nicht gelesen?«

Ich schaute sie entgeistert an. Dazu fiel mir echt nichts mehr ein.

»Hast du wenigstens die Nudeln mitgebracht?«, fragte sie weiter.

»Was? Welche Nudeln, verflucht?«

»Na, die fürs Abendessen, die du aus dem Supermarkt holen solltest. Wir haben keine mehr.« Sie rollte mit den Augen. »Stand doch auch in der Nachricht.«

Ich zog das Handy aus der Tasche und öffnete WhatsApp. Aha, das sollte also der Pastateller symbolisieren. Na klar, Mama, total einleuchtend! Was sollte man dazu sagen? Mir fiel beim besten Willen nichts ein …

An diesem Abend gab's dann übrigens Reis.

Meine Emoji-Top 5

1. 😄 Wird immer benutzt, wenn irgendwas lustig ist oder lustig sein soll. Eignet sich auch gut als eigenständige Antwort – denn wer bitte schön schreibt im Chat: ›Das war lustig‹? Eben.

2. 👌 Selbsterklärend. Heißt so viel wie ›Okay‹ oder ›Alles klar‹. Vorsicht, wenn ihr mit jemandem aus Italien schreibt! Da heißt es ›Arschloch‹.

3. 😘 Wenn es auf WhatsApp mal wieder romantisch wird. (Außer, es stammt von meiner Schwester … hmpf.)

4. 😊 Super, um Aussagen ›netter‹ zu machen. Wie im echten Leben gilt auch auf WhatsApp: Sag's mit einem Lächeln!

5. ♥ Das gab es schon vor WhatsApp. Herzchen - immer gut, um zu zeigen, wie sehr man jemanden oder etwas mag. Aber Vorsicht! Wird das Herz ohne Text verschickt, ist es auf einmal riesengroß und pulsiert. Ein Special Effect von WhatsApp. Das ist dann doch schnell mal zu viel des Guten und sollte nicht an jeden gesendet werden.

Viele Leute nervt an WhatsApp, dass man sehen kann, ob der Empfänger eine Nachricht gelesen hat oder nicht. Normalerweise stehen hinter jeder WhatsApp-Sprechblase zwei Häkchen. Der erste Haken zeigt, dass die Nachricht versendet wurde, der zweite, dass sie beim Empfänger angekommen ist. Vor einiger Zeit führte WhatsApp dann eine Neuerung ein: Sind die Häkchen blau und nicht mehr grau, wurde die Nachricht geöffnet und damit gelesen.

Will man vermeiden, dass der Absender sieht, ob man seine Nachricht gelesen hat oder nicht, lässt man die App einfach geschlossen, wenn sie eintrifft. Blöd ist dann natürlich, wenn man jemand anderem schreiben will, denn dafür muss man die App doch öffnen – und wupps hat man sich verraten. Da wird's dann schwer, so zu tun, als hätte man die Nachricht noch nicht gelesen ...

Genauso ist bei WhatsApp grundeingestellt, dass die eigenen Kontakte sehen können, wann man zuletzt online war. Im Chatfenster steht unter dem Namen zum

Beispiel: ›zul. online heute um 11:13‹. Diese Einstellung lässt sich zum Glück aber deaktivieren, denn dass jeder sieht, wann ich WhatsApp das letzte Mal benutzt habe, ist mir doch zu krass (sonst wüsste meine Mutter sehr schnell, dass ich manchmal mitten in der Nacht noch chatte, und dann käme sie womöglich auf die blöde Idee, abends mein Smartphone einzusacken).

Trotz dieser kleinen Abstriche ist WhatsApp für mich immer noch der einfachste und problemloseste Messenger und dazu noch kostenlos. Klar gibt's Alternativen wie Threema und Viber, aber ausprobiert habe ich die noch nicht, weil in meinem Umfeld jeder nur WhatsApp benutzt.

Ach ja, @ Mama: 🐵🙈😎😒✕🚋💩

(Hey, Mama, dein Sohn findet es echt cool, dass du WhatsApp benutzt, aber bitte lass das in Zukunft bleiben, denn ich verstehe von deinen Nachrichten nur Bahnhof, und das ist echt scheiße!)

Top 3 der Vorteile, die eine 24-Stunden-Kommunikation mit sich bringt:

1. Wir planen, planen um, werfen den Plan über den Haufen und machen am Ende etwas ganz anderes. Ihr mögt das unverbindlich nennen, wir sagen: Wir sind spontan und flexibel.

2. Wir vergessen nie wieder unsere Hausaufgaben ... hm, okay, wir machen sie manchmal trotzdem nicht, aber das ist etwas ganz anderes.

5, 4, 3, 2, 1... Snapchat!

Letztes Jahr habe ich für die Schule ein einmonatiges Praktikum bei einem Onlinemagazin gemacht. Ganz schön cool, mal hinter die Kulissen so eines Betriebs zu schauen. Und das Beste: Plötzlich war ich umgeben von Erwachsenen, die sich für Social Media interessierten und sich bei diesem Thema nicht von vornherein taub stellten. Sie kannten alles, was wir Teenager auch so benutzen, waren aber erstaunt, was unter Jugendlichen schon wieder out ist. Und sehr zu meiner Freude fehlte den Journalisten bei einer Sache gänzlich der Durchblick.

»Snapchat? Davon hab ich auch schon mal gehört«, meinte einer von ihnen, als das Gespräch während der Mittagspause auf eine meiner favorite Apps kam.

»Also, ich kapier das hinten und vorn nicht«, meinte ein anderer. »Das ist so unübersichtlich.«

Beide schauten mich mit einer Mischung aus Neugier und Hilflosigkeit an. Da gab es wohl Erklärungsbedarf!

Na dann: Snapchat ist eine App, die sich innerhalb von nur ein paar Jahren im Beliebtheitsranking weit nach oben gekämpft hat. Man verschickt damit Bilder und Videos an Kontakte. Kein neues Konzept, aber anders als Facebook und WhatsApp, bei denen alle Chatverläufe und gesendeten Medien automatisch gespeichert werden, ist Snapchat nur für ganz kurz gedacht. Die Grundidee ist, Bilder – ›Snaps‹ genannt – an Freunde zu verschicken und dabei selbst zu bestimmen, wie lange sie das gesendete Bild auf ihrem Handydisplay sehen können. Man kann eine Dauer zwischen einer und zehn Sekunden einstellen – ja, richtig gelesen, länger nicht. Immerhin lässt sich der Snap durch die Replay-Funktion noch mal wiederholen und für noch mal eine bis zehn Sekunden anschauen. Das war's dann aber auch, und er ist wirklich, *wirklich* weg.

Die Bilder, die man über Snapchat versendet, muss man direkt mit der App machen und kann sie nicht einfach aus seinem Handyspeicher hochladen. Dadurch ist jeder Snap tatsächlich brandaktuell. Es geht eben um den Augenblick und darum, Freunde direkt am gesnappten Moment teilhaben zu lassen.

So viel zum Grundprinzip. Im Laufe der Zeit kamen nämlich einige neue Funktionen hinzu, zum Beispiel die Möglichkeit, ganz normal nur mit Text zu chatten. Doch auch hier ist der Unterschied zu den herkömmlichen Messenger-Apps, dass die gesendeten Nachrichten nur so lange sichtbar sind, wie man das Chatfenster geöffnet hat. Macht man es zu, sind alle Nachrichten verschwunden. In einer Zeit, in der sonst alles Hochgeladene und Versendete für alle Ewigkeit irgendwo gespeichert und damit auffindbar ist, ist das ziemlich weit vorn!

Das alles erklärte ich den aufmerksam lauschenden Erwachsenen um mich herum. Dabei zückte ich mein Smartphone, um ihnen Snapchat live zu demonstrieren. Meine Kurzanleitung rief ein allgemeines Nicken hervor, überzeugt schienen die Kollegen trotzdem nicht.

»Und warum schickt man das Bild nicht einfach per WhatsApp?«, fragte Nummer eins skeptisch.

»Na, das wäre viel zu umständlich, dafür braucht man so viele Klicks, und das Bild hängt dann für alle Ewigkeit mitten im Textverlauf, voll nervig. Und der andere hat es in seinem Speicher.«

»Und? Ist das nicht was Gutes? Wie soll ich mir denn das Bild später noch mal anschauen, wenn's gleich wieder weg ist?«, fragte Nummer zwei.

»Darum geht es ja gerade, dass man es sich später nicht mehr anschauen kann. Der Snap ist nur für einmal«, erklärte ich noch mal geduldig.

»Und man selbst hat ihn auch nicht mehr?«

»Doch. Allerdings nur, wenn man nicht vergisst, ihn extra abzuspeichern.«

»Aber das ist ja total unpraktisch!«

»Ja, finde ich auch«, stimmte Nummer eins zu. »Da bleibe ich lieber bei WhatsApp!«

Ich zuckte mit den Schultern. Ich hatte es versucht, aber selbst bei diesen Journalisten, die sich sonst so gut mit Social Media auskannten, schien der Unterschied zwischen den Generationen zuzuschlagen. Eine typische Reaktion auf Snapchat, die ich genau so von vielen anderen Erwachsenen kenne. Es ist interessant, dass die App so viel mehr von Teenagern benutzt wird und die meisten Erwachsenen – also, ihr wisst schon, die *richtigen* Erwachsenen, diejenigen, die die dreißig schon überschritten haben – bloß verwirrt schauen, wenn sie sich damit auseinandersetzen sollen. Das Konzept, Leuten etwas mitzuteilen, ihnen Bilder aus seinem Leben zu schicken, die aber nur für den Moment und auf keinen Fall für die Ewigkeit gedacht sind, kommt bei denen scheinbar nicht so richtig an. Schade eigentlich, denn euch entgeht da ganz schön was. Und wenn ihr mir das hier nicht glaubt, hilft nur: ausprobieren!

Vielleicht ködert euch das: Mit einem späteren Update führte Snapchat den sogenannten Story-Modus ein, der auf den ersten Blick etwas kompliziert wirken mag, jedoch wirklich seinen eigenen Reiz hat. Eine Story wird im Gegensatz zu einzelnen Snaps nicht nur an einen ausgewählten Freund geschickt, sondern ist für alle Kontakte sichtbar – und wenn man möchte, sogar für die Leute, die dem eigenen Account folgen, mit denen man selbst aber gar nicht befreundet ist (solche Follower-Funktionen hat wirklich jede App!). Eine Story fasst mehrere Snaps – entweder Bilder oder Videos – zusammen, was besonders praktisch ist, wenn man an einem Event teilnimmt, zum Beispiel einem Fußballspiel, und gleich mehrere Eindrücke auf einmal teilen will. Man schießt ein paar Fotos, packt sie zu einer Story zusammen und ab geht's. Insgesamt ist die Story 24 Stunden online, bevor auch sie im Nirgendwo verschwindet.

Besonders cool an der Funktion ist, dass es immer wieder Live-Events gibt, zu denen die Snapchat-Community gemeinsam Storys zusammenbastelt. Es ist ganz simpel: Man muss bei dem entsprechenden Event dabei sein und sein GPS aktiviert haben, damit die App erkennt, dass man wirklich in der Nähe ist und etwas beitragen kann. Sobald man dann einen Snap erstellt, darf man sie dem Live-Event hinzufügen.

Während ich das hier gerade schreibe, ist bei Snapchat zum Beispiel eine Story zum Fußballmatch FC Bayern gegen Real Madrid online, zu der Fans massenhaft ihre Videos aus dem Stadium hinzugefügt haben. So lässt Snapchat einen ganz anders an einem Event teilhaben als das Fernsehen oder eine nachträgliche Berichterstattung. Die gesnappten Live-Storys sind viel näher dran, weil sie persönlich sind und von Leuten stammen, die wirklich dabei waren und alles live gesehen haben. Das ist cool und macht Spaß, sich anzuschauen.

Den Story-Modus nutzen übrigens auch diverse Medien über eine Extra-Seite mit der Überschrift ›Discover‹. Hier werden einem relativ willkürlich verschiedene Artikel von Zeitungen, Magazinen oder Onlinemedien – zum Beispiel *VICE*, *Cosmopolitan* oder

BuzzFeed – empfohlen. Ich nutze diese Funktion selten; wenn ich solche Inhalte sehen will, greife ich lieber auf andere Kanäle zurück oder besuche gleich die entsprechende Website. Aber hey, jedem das Seine.

Was dafür manchmal ganz unterhaltsam ist, ist, YouTubern und anderen ›Stars‹ mit Snapchat zu folgen. Wie überall tummeln sich auch hier alle Größen des Internets und teilen mit ihren Followern, was sie so den Tag über anstellen. Wenn man also ein wirklich großer Fan von jemandem ist, kann man mit Snapchat durch einen ›Behind the scenes‹-Post einen Blick hinter die Kulissen werfen.

Ich folge ebenfalls ein paar YouTubern und sehe mir ab und zu ihre Storys an, aber eigentlich interessiert mich mehr, was meine Freunde posten. Hier ist mein Kumpel Paul wieder weit vorn, sowohl was die Frequenz betrifft als auch den Unterhaltungswert seiner Snaps. Letztes Jahr Weihnachten postete er eine Story bestehend aus vier Bildern:

Bild 1 (zwei Sekunden sichtbar): Pauls Vater zündet vier weit abgebrannte Kerzen am Adventskranz an.

Bild 2 (vier Sekunden sichtbar): Statt einer der Kerzen sieht man eine hohe Stichflamme auf dem Adventskranz.

Bild 3 (sechs Sekunden sichtbar): Der halbe Kranz steht in Flammen. Im Hintergrund erkennt man (beim zweiten Betrachten der sechs Sekunden) schemenhaft Pauls Mutter mit einem großen Gegenstand in der Hand.

Bild 4 (volle zehn Sekunden sichtbar): Der Adventskranz ist gelöscht, Pauls Vater trieft, Pauls Mutter hält einen leeren Eimer und grinst in die Kamera.

Ist das lustig? Yip, besonders wenn man wie ich gerade gelangweilt am Zwischen-den-Jahren-Kaffeetisch mit Großtante, Tante und schwerhörigem Onkel sitzt und sich zum hundertsten Mal aufgewärmte Familiengeschichten anhören muss. Da kann so ein gesnapchattetes Missgeschick für einen spontanen Lachflash sorgen, was wiederum die Großtante glücklich macht, weil sie glaubt, dass man über ihre Erzählung lacht. Eine Win-win-Situation!

Ebenso witzig ist, was man bei Snapchat mit seinen Bildern alles machen kann. Immerhin dreht sich bei der App ja alles um visuelle Medien, deshalb lassen sich die Entwickler ständig neue Sachen einfallen, mit denen man seine Aufnahmen aufpeppen kann. Hier das Einmaleins der kreativen Bild- und Videogestaltung:

 **Sticker:** Wenn das aufgenommene Bild allein nicht chic genug ist, kann man es mit ›Stickern‹ aufhübschen oder lustig verzieren. Sticker gibt es in allen Formen und Farben – von der Eiscremetüte über den Kussmund bis hin zum Yoga machenden Walross. Man kann ihre Größe ändern und sie beliebig auf dem Snap platzieren.

Text: Für alle, die es lieber klassisch mögen. Mit dieser Funktion kann man seinem Snap quasi einen Kommentar hinzufügen, der in weißer Schrift auf einem schwarzen Balken eingeblendet wird.

Malen: Das geht natürlich auch so richtig frei Hand und in verschiedenen Farben. Da ist kreativ sein angesagt. Ein Meisterwerk wird es wohl nicht, aber das braucht es ja auch gar nicht. Hauptsache, es macht Spaß!

Filter und Effekte: Einmal nach links gewischt, und schon hat man die Wahl aus einer Vielzahl an Effekten und Filtern, die man über den Snap legen kann. Einige davon sind ort- und zeitabhängig, zum Beispiel kann man die Uhrzeit und Temperatur einblenden oder Grüße aus einer bestimmten Stadt senden, wenn das GPS an ist. Für Videos gibt es Zeitlupe, rückwärts abspielen oder die Geschwindigkeit verdoppeln. Da muss man sich erst mal entscheiden ...

 **Gesichtseffekte:** Ein neueres Feature von Snapchat und mit Abstand eines der besten! Hält man sein Gesicht in die Kamera, öffnet die App automatisch eine Palette an möglichen Gesichtsveränderungen. Bock, euch beispielsweise in einen Hund zu verwandeln, der die Zunge herausstreckt, sobald ihr den Mund öffnet? Oder ist euch vielleicht mehr nach einer komischen Brille? Einer verzerrten Stimme? Oder man macht ein Foto zu zweit und tauscht mit der anderen Person das Gesicht. Ist besonders witzig, wenn man ein Selfie mit der Schwester im Bikini macht.

Wenn Gerade irgendein Feiertag ist oder ein anderes großes Event ansteht, kommen immer wieder neue Effekte hinzu, die diese aktuellen Geschehnisse in irgendwas Lustiges verwandeln (Papa mit Rentiergeweih ist saukomisch!). Langweilig wird's also nicht so schnell.

Und das Beste: Natürlich kann man all diese Effekte miteinander kombinieren! Mein persönliches Highlight: Unser Deutschlehrer unbemerkt während der Stunde (von Paul, wem sonst?) geknipst, statt seiner über die Glatze gekämmten Haarsträhnen eine Mister-Spock-Frisur, spitze Vulkanierohren, einen Vulkaniergruß-Sticker und eine Sprechblase im Mundwinkel, in der behauptet wird: »Kafka ist unlogisch!«

Sekunden später brach die halbe Klasse in synchrones Gekicher aus, denn obwohl kein einziges Smartphone offen auf einem Tisch herumlag, waren natürlich alle heimlich online und hatten Pauls Snap entdeckt. Unser Deutschlehrer hat nie rausgekriegt, was den kollektiven Lachanfall auslöste ...

Das Schöne daran: Es ist ein harmloser Spaß, denn Sekunden später schon war das verunstaltete Bild von unserem Lehrer von allen Handys unwiederbringlich verschwunden. Das ist das Coole an Snapchat – man behält die Kontrolle über seine Bilder und niemand kann sie für Zwecke verwenden, die man scheiße findet.

Zugebenerweise kann der Empfänger eines Snaps mit seinem Handy einen Screenshot davon machen (wenn er schnell genug ist jedenfalls) und das Bild somit doch in seinem Speicher ablegen. Davor kann einen leider auch Snapchat nicht beschützen, aber immerhin kriegt man eine Mitteilung, wenn jemand einen Screenshot macht. So weiß man wenigstens, wer den Snap gespeichert hat, und kann sich Gedanken machen, warum derjenige das Bild behalten möchte. Mehr Sicherheit als das ist leider auch bei Snapchat nicht drin.

Will man selbst seine aufgenommenen Snaps behalten, ist das kein Problem. Man kann das entsprechende Bild oder Video vor dem Versenden einfach auf seinem Handy abspeichern und dort für alle Zeit aufbewahren.

Übrigens gibt es einen riesigen Unterschied zwischen dem, was Jungs mit Snapchat teilen, und dem, was Mädchen so herumschicken. Die Mädels machen hundertmal mehr Fotos von sich selbst, während wir Jungs eher auf lustig stehen und zum Beispiel so was wie eine witzige Plakatwerbung teilen, die uns irgendwo begegnet, oder Grimassen schneiden, mit denen wir unsere Kumpels beglücken. Auch benutzen Mädchen häufiger die Story-Funktion und schicken sie nicht per Direktnachricht an nur Einzelne. So ist die Community stets bestens darüber informiert, welches Mädel heute wie geschminkt ist, was Madame trägt, mit welchen Freundinnen sie gerade unterwegs ist ... Manchmal nimmt das Ausmaße an, die nerven. Mädels, echt mal, die Auswahl in eurem Kleiderschrank ist einfach zu groß, um sie komplett zu teilen, und ihr gefallt uns auch dann, wenn ihr euch nicht zehnmal am Tag in ein neues Outfit werft!

Manchmal snapchatten wir auch einfach nur, um einen sogenannten ›Streak‹ zu erreichen. In der Liste mit den Snapchat-Kontakten steht hinter jedem Namen ein Emoji, das die Beziehung zwischen der betreffenden Person und einem selbst anzeigt. Da gibt's das Herz für den Snapchatter, mit dem man am meisten Snaps austauscht und das so viel wie ›beste Freunde‹ bedeutet. Außerdem findet man einen lächelnden Smiley für gute Freunde, ein Babyface für neue Kontakte ... und dann auch noch so Sachen wie den verschmitzt grinsenden Smiley, der anzeigt, dass die andere Person zwar dein bester Freund ist – sie also dir die allermeisten Snaps schickt –, du aber nicht ihrer. Ein bisschen fies, aber auch ganz schön witzig. Einen Streak kriegt man nun, wenn man sich mit einem Freund eine ganze Weile lang jeden Tag gegenseitig Snaps zusendet. Irgendwann taucht dann eine gelbe Flamme neben dem Namen auf und spornt noch mal extra an, denjenigen immer wieder mit Snaps zu versorgen, damit man den Streak nicht unterbricht und das Feuer-Emoji verliert. Der tiefere Sinn dahinter? Gegenfrage: Hattet ihr nie einfach nur Spaß?!

Ich finde ja, ihr Erwachsenen solltet trotz eurer Anlaufschwierigkeiten versuchen, euren Social-Media-Horizont zu erweitern, und Snapchat ausprobieren. Irgendwann kommt ihr vielleicht auch auf den Trichter – denn Snapchat ist wirklich, wirklich cool. Dann könnte ich auch endlich mal meinen Eltern ein paar Snaps schicken und nicht nur Leuten mit maximal einer Eins vorn im Alter.

Los, macht mit, ladet Snapchat runter und helft mit, den tiefen Graben zwischen den Generationen zu überbrücken!

Top 3 der Snapchat-Benefits:

1. Mal ehrlich: Wie oft habt ihr eure Freunde früher wissen lassen, dass ihr gerade an sie denkt? Einmal pro Woche? Einmal im Monat? Wir tun das täglich, manchmal stündlich. Snaps mögen an sich sinnlos sein, aber sie verbinden und sind ein liebevolles »Denk an dich«.

2. Wir leben unsere Kreativität aus und schulen uns im Umgang mit digitalen Tools, mit denen wir es später mal immer wieder zu tun haben werden. Und im Gegensatz zu eurer Kollegin verdaddeln wir dann nicht mehrere Arbeitsstunden, nur weil wir nicht in der Lage sind, ein Bild richtig in die PowerPoint-Präsentation einzufügen, geschweige denn, es sinnvoll zu bearbeiten. Snapchat ist Schule fürs (Arbeits-)Leben!

3. BIG FUN!

Die Welt in 140 Zeichen – wie wir dank Twitter blitzschnell up to date sind

Eden Books @Eden_Books · 1. Juli 2016
So sieht es aus, wenn wir uns an neuen Teamfotos versuchen... ;)
#teamwork #Berlin #yeah

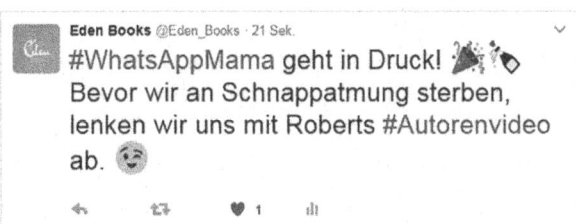

Eden Books @Eden_Books · 21 Sek.
#WhatsAppMama geht in Druck! 🎉🎊
Bevor wir an Schnappatmung sterben,
lenken wir uns mit Roberts #Autorenvideo
ab. 😌

Was hier wie eine Sammlung von Post-its aussieht, sind Tweets – Posts, die man auf Twitter hinterlassen kann. Obwohl die Plattform von Teenagern nicht ganz so genutzt wird, nimmt sie neben Facebook und Co doch einen wichtigen Platz ein, weil man damit Sachen machen kann, die mit anderen Services so nicht gehen. Mit 310 Millionen aktiven Usern im Monat und dazu noch fünfhundert Millionen Besuchern, die auf der Seite surfen, ohne sich anzumelden – denn das ist bei Twitter nicht zwingend notwendig –, gehört die Plattform außerdem auf jeden Fall zu den Giganten im Social-Media-Bereich – und das schon ganz schön lange. 2006 ging der Dienst online und ist damit ein richtiges Social-Media-Urgestein.

Beliebt ist Twitter wie viele Plattformen deshalb, weil es einfach und praktisch ist. Das Prinzip ist simpel: Man legt einen Account an und kann von da an Tweets verfassen und posten.

Der Name Twitter kommt übrigens vom englischen ›zwitschern‹ und soll zeigen, wie bunt und vielfältig die Beiträge auf der Plattform sind. Und weil sie so kurz sind, liest sich Twitter auch wie ein echtes (Vogel-) Stimmengewirr. Ein Tweet ist nämlich auf 140 Zeichen beschränkt – eine absolute Besonderheit von Twitter. Ein Twitter-Account ist also wie eine Nachrichtenzentrale, die wirklich nur die nötigsten Informationen weitergibt – Mikroblogging nennt sich das auch. Wie bei allen anderen Social-Media-Diensten kann man natürlich auch seine Tweets mit Fotos, Videos oder Links aufpeppen, aber im Wesentlichen beschränkt sich Twitter wirklich auf Texte.

Wenn man einen Account erstellt und optional sein Profil ausgefüllt hat – das mit dem eigenen Namen, einem Foto, einer Kurzbiografie und eventuell einem Link zur eigenen Website übrigens sehr knapp gehalten ist –, kann man damit wie überall woanders auch anderen Usern folgen und bekommt so immer deren neueste Tweets präsentiert – erfreulicherweise chronologisch sortiert: Das Neueste steht ganz oben!

Zusätzlich zur Grundfunktion des Tweetens hat Twitter noch einige coole Extras, die die Seite erst so richtig interessant machen. Man kann nämlich auch hier Beiträge liken – Twitter verwendet dafür ein Herz – oder mit seinen eigenen Followern ›sharen‹, also teilen. Bei Twitter nennt man das dann ›retweeten‹. Dabei bleibt der ursprüngliche Verfasser des Posts immer sichtbar, und wenn jemand den geteilten Post mit einem Herz markiert, bekommt man dieses Herz nicht selbst, sondern derjenige, der den Tweet zuerst erstellt hat. (@Facebook: So geht das!)

Außerdem hat Twitter eine Funktion im Internet groß gemacht, die seitdem auch viele andere Dienste nutzen: Hashtags! Falls ihr noch nie was davon gehört habt, habt ihr bestimmt trotzdem irgendwo schon mal einen gesehen. Ein Hashtag ist ein Wort – oder auch mehrere Wörter, aber dann ohne Leerzeichen zusammengeschrieben – mit dem Rautezeichen # vorn. Hashtags benutzt man, um seinen Post einem bestimmten Thema zuzuordnen und ihn damit leichter auffindbar zu machen. Sobald man das Rautezeichen vor ein Wort schreibt, wird daraus ein Link, und man kann beim Klicken darauf sehen, wer noch alles einen Tweet zum selben Thema verfasst hat. Wo man seine Hashtags in seinem Beitrag platziert, ist egal. Man kann den oder die Hashtags einfach am Ende einfügen oder aber ganze Wörter in der eigenen Mitteilung durch das Rautezeichen in Hashtags umwandeln.

Zum Beispiel: *Der #Tatort war heute wieder mal langweilig. Ich wusste schon nach 10 Minuten, wer's war. #ard #krimi*

Genau dafür eignen sich Hashtags total super: Man kann schnell die verschiedensten Meinungen zu einem Thema überblicken, ohne dazu unterschiedliche Websites aufrufen zu müssen. Nach dem *Tatort* schnell getweetet und ein paar Minuten später weiß man, wie viele Zuschauer derselben Meinung sind wie man selbst. Wer weiß, vielleicht nehmen sich das die Produzenten ja irgendwann mal zu Herzen!

Dadurch, dass man sich alle Beiträge mit demselben Hashtag chronologisch anzeigen lassen kann, ist es superleicht, bei einem bestimmten aktuellen Ereignis auf dem Laufenden zu bleiben. Da funktioniert Twitter oft schneller als die herkömmlichen Medien, denn bei einem Onlinemagazin müssen ja erst die Fakten gecheckt, ein Artikel geschrieben, das Ganze dann noch Korrektur gelesen werden ... Ein Tweet ist da sehr viel schneller verfasst und veröffentlicht – aber, das wissen wir Teenager übrigens sehr wohl, das ist natürlich auch weniger seriös als ein offizieller Bericht. Denn schnell was tweeten, kann ja jeder.

Wenn's jetzt also nicht gerade um irgendwelche megawichtigen und komplizierten Analysen geht, ist Twitter sehr praktisch und kam mir kürzlich wieder mal zugute. Es war Samstag, und ich war mit meinen Eltern in der Stadt unterwegs, um ein paar Sachen einzukaufen. Als letzte Station hatten wir uns Saturn vorgenommen. Als wir das Einkaufszentrum mit der entsprechenden Filiale betraten, steckten wir plötzlich zwischen lauter kreischenden Mädchen fest, alle mit glasigen Augen, so um die zwölf Jahre alt. Nachdem wir uns durch den Trubel gekämpft und bis zu Saturn vorgearbeitet hatten, mussten wir erst mal verschnaufen.

»Was ist denn da los?«, fragte meine Mutter fassungslos. »Wenn wir rausgehen, nehmen wir aber den anderen Ausgang!«

»Ich weiß auch nicht«, steuerte mein Vater bei. »Da müssen wir morgen in der Zeitung mal im Lokalteil schauen, vielleicht steht da was ...«

Während meine Eltern sich noch den Kopf zerbrachen und darüber diskutierten, was hier gerade abging, hing ich natürlich schon am Handy. Blitzschnell hatte ich durch den richtigen Einsatz von Hashtags auf Twitter den Grund für den Massenauflauf an hysterischen Zwölfjährigen herausgefunden.

»Ah, hier macht gerade irgend so ein Typ von *DSDS* ein Meet and Greet«, klärte ich meine Eltern auf.

»Was?«

Ich seufzte und übersetzte: »Hier ist gerade ein Promi unterwegs, deshalb die vielen Menschen.«

»Oh«, sagte mein Vater. »Und woher weißt du das? Hast du ihn gesehen?« Er schaute sich einen Moment lang suchend um.

»Nein, Papa, das steht auf Twitter.«

»Twitter?« Er schaute mich neugierig an. »Ist das eine Onlinezeitung?«

Ich fing an zu lachen und ging in Richtung Rolltreppe. Manchmal können Eltern ganz schön unterhaltsam sein.

Übrigens sind Hashtags nicht nur gut zum Suchen und Finden von Neuigkeiten, wie das an diesem Tag so schön funktioniert hat, sie zeigen genauso an, was in der Welt beziehungsweise im Twitter-Universum gerade wichtig ist. Die von allen Twitter-Usern benutzten Hashtags werden nämlich gezählt und die beliebtesten immer am Rand der eigenen Timeline angezeigt. ›Trending‹ nennt sich das, und die Überflieger-Hashtags sind ein ziemlich gutes Zeichen dafür, was gerade angesagt ist und heiß diskutiert wird. Während ich dieses Kapitel hier schreibe, trendet zum Beispiel der Hashtag ›hartaberfair‹ – die gleichnamige Sendung ist gerade vorbei, und jetzt werden die Themen noch mal durchgekaut. Ist eigentlich ganz simpel das Prinzip mit den Hashtags, oder?

Anders als bei anderen sozialen Netzwerken herrscht bei Twitter ein ziemlich großer Unterschied zwischen der Anzahl der Leute, die einen Account haben, und der Anzahl derjenigen, die mit ihrem Account auch wirklich selbst Tweets veröffentlichen. Das gilt auch für mich und meine Freunde. Wir sind zwar bei Twitter angemeldet, nutzen unseren Account allerdings nur höchst selten zum Tweeten. Ich folge lieber anderen Usern, hauptsächlich YouTubern, deren Videos ich interessant finde, und Onlinemedien, die über Twitter die aktuellsten News bekannt geben.

Gerade beim Thema Neuigkeiten und Nachrichten ist Twitter wirklich unglaublich praktisch, weil man nicht von Informationen erschlagen wird, sondern einfach nur einen kurzen Überblick bekommt – so wie man die Schlagzeilen der Tageszeitung überfliegt.

Nur zur Kommunikation oder zum rein privaten Gebrauch taugt die Plattform dagegen nicht; man kann zwar Leute in einem Tweet markieren und sie somit direkt

Top 3, warum Twitter super und unbedenklich ist:

1. Wir lernen Quellen zu bewerten, denn ja, auch wir kriegen mit, wenn etwas schlecht recherchiert ist, und merken uns, wenn jemand uns immer wieder nur Halbgares präsentiert.

2. Wir lernen filtern: Was interessiert uns, was können wir ignorieren? Bedenkt mal, mit was für einer Masse an Informationen das Internet und gerade Dienste wie Twitter uns täglich zuballern. Da hättet ihr recht, und wir würden irre, wenn wir nicht sehr schnell den richtigen Kniff draufhätten, uns nur mit dem zu beschäftigen, das uns weiterbringt (und ja, ›weiterbringen‹ heißt in diesem Fall manchmal auch einfach: FUN!).

3. Durch die kurzen knappen Häppchen, in denen uns die Welt-News auf Twitter präsentiert werden, können sich auch Lesemuffel informieren, ohne bereits beim ersten ›Artikel‹ einzuschlafen. Wir sind schwer mit der Pubertät beschäftigt, da geht Wissensanhäufung einfach nur häppchenweise.

ansprechen – aber warum sollte man mit einem Freund einen Chat beginnen, der erstens öffentlich und zweitens pro Mitteilung auf 140 Zeichen beschränkt ist? Eben.

Übrigens: Da Twitter von allen bislang vorgestellten Diensten die seriöseste, erwachsenste und auch einfachste ist – vielleicht ist das was für euch?

4

KOMMUNIZIEREN, KONSUMIEREN UND KREIEREN – ALLES ZUR GLEICHEN ZEIT!

Sehen und gesehen werden: Das Internet ist eine riesige Bühne und bietet Leuten, die gern im Rampenlicht stehen, viele Möglichkeiten. Wer Aufmerksamkeit sucht, hat gleich mehrere Social-Media-Kanäle zur Auswahl, über die er sein Publikum erreicht. Heute muss man nicht mehr entdeckt und offiziell vermarktet werden – wir teilen unseren kreativen Output einfach selbst mit der Welt und machen online Karriere! Das Internet ist für alle da, und es ist egal, wen du kennst, wo du herkommst oder wie reich du bist. Hier findet jeder seinen Platz, und wie viele Follower du hast, hängt allein von der Qualität deiner Inhalte und deinem Durchhaltevermögen ab.

Ihr denkt, eure Tochter sei verrückt, weil sie sich in ihrem Zimmer einschließt und mit der Webcam ihre H&M-Einkäufe filmt? Falsch gedacht – sie ist gerade auf dem besten Weg, ein Star zu werden! Online können wir das nämlich alle – live und ungefiltert.

Aber keine Sorge, das gerät nicht außer Kontrolle, denn wenn wir genug haben vom virtuellen Rampenlicht, dann stellen wir unseren Instagram-Account einfach auf privat und drücken bei den YouTube-Videos nur noch auf die *Play*-Taste, anstatt selbst welche aufzunehmen.

›Tutorials‹, ›Hauls‹ und ›Follow Me Arounds‹ – willkommen auf YouTube!

Vor ein paar Monaten kam es bei uns zu Hause wieder mal zu einer typischen Eltern-Kind-Situation. Ausnahmsweise war ich mal nicht selbst der Grund, sondern schaute nur zu. Meine Schwester lümmelte auf dem Sofa im Wohnzimmer, vor sich ihr MacBook, auf dem ihr starrer Blick klebte. An der Frauenstimme, die leise aus den Lautsprechern säuselte, erkannte ich, dass sie gerade ein Video guckte. Irgendwann kam mein Vater rein und setzte sich neben sie auf die Couch.

»Denkst du, du kannst das in deinem Zimmer machen, damit ich die *Tagesschau* sehen kann?«, fragte er.

»Das ist gleich vorbei, noch drei Minuten«, antwortete Ricci.

»Was schaust du da denn überhaupt?« Mein Vater linste auf den Bildschirm.

»Das ist ein YouTube-Video«, erklärte sie kurz.

»YouTube ...?«

»Eine Plattform im Internet, auf der man Videos hochladen und anschauen kann.« Der Tonfall meiner Schwester klang ernsthaft genervt. Aber mein Vater ließ nicht locker.

»Und was ist das für ein Video?«, fragte er. »Was macht sie denn da?«

»Das ist eine Beauty-Vloggerin, die gerade ihren dm-Haul zeigt«, stöhnte Ricci auf.

»Das ist was? Was für eine Flocke? Hohl?« In den Augen meines Vaters standen Fragezeichen. Ich musste mir ein Grinsen verkneifen.

»Papa! Das sieht man doch. Sie zeigt halt ihre Einkäufe, die sie vom Drogeriemarkt mit nach Hause gebracht hat. Da zum Beispiel einen neuen Nagellackentferner«, erklärte meine Schwester mit gepresster Stimme.

»Aber ... warum macht jemand denn so was? Und warum schaust du dir das an?«

»Na, weil es interessant ist. Aber jetzt ist es ja eh vorbei, und ich hab die Hälfte nicht mitbekommen. Danke, Papa!« Damit klappte sie ihr MacBook zu und verschwand in ihr Zimmer. Vermutlich, um das Video dort ein zweites Mal zu laden. Mein Vater blieb mit einem verdatterten Gesichtsausdruck sitzen.

»Robert«, wandte er sich nach ein paar Sekunden an mich, »filmt Ricci auch ihre Einkäufe, nachdem sie bei dm war, und zeigt das im Internet?«

Ich fing an zu lachen. »Nee, Papa, keine Angst, so weit ist es noch nicht.«

Beruhigt nickte er und machte den Fernseher an.

So lernte mein Vater also YouTube kennen – zumindest einen kleinen Ausschnitt davon. Denn da gibt's ja noch so viel mehr zu erzählen! Auf der Liste mit Social-Media-Diensten steht YouTube ganz oben und wurde in den letzten Jahren mega gehypt. Zumindest bei uns Jugendlichen. Genauso wie WhatsApp ist das Portal aus unserem Leben nicht mehr wegzudenken und beeinflusst ziemlich krass unseren Lifestyle (dazu später mehr).

Dabei gibt es die Website schon ewig: 2005 wurde sie gelauncht und ein Jahr später von Google aufgekauft. Von Anfang an zählte YouTube zu den erfolgreichen Social-Media-Diensten, aber so richtig abgegangen ist es erst vor zwei, drei Jahren. Seitdem sind die Plattform und die ›Stars‹, die sie hervorgebracht hat, in aller Munde, und YouTube hat inzwischen tatsächlich mehr als eine Milliarde User – also fast ein Drittel aller Internetnutzer weltweit.

Das Besondere an YouTube ist, dass es die erste Plattform war, die sich ausschließlich auf Video-Content spezialisiert hat. Auch hier ist das Prinzip simpel: Wer sich bei YouTube anmeldet, hat automatisch seinen eigenen ›Kanal‹ (›Channel‹) und kann darauf so viele Videos hochladen, wie er oder sie möchte. Weder für die Länge der Clips noch deren Inhalt gibt's irgendwelche Beschränkungen außer den Standards, die auf vielen Websites gelten und Pornografie, die Darstellung von Gewalt und Ähnliches von vornherein ausschließen. Davon abgesehen kann man hochladen, was man will.

Ein eigenes Profil ist allerdings gar nicht nötig, um YouTube zu nutzen – genauso wie bei Twitter konsumieren die meisten Besucher nur die Inhalte, erstellen selbst aber keine. Jeder, der will, kann nach beliebigen Videos suchen und sie sich ohne eine vorherige Anmeldung anschauen. Und sowohl das Hochladen als auch das Abspielen der Clips ist kostenlos.

Über diese Grundfunktionen hinaus bietet YouTube einige zusätzliche Features: Videos können mit einem ›Daumen hoch‹ oder ›Daumen runter‹ bewertet und auf anderen Social-Media-Plattformen geteilt werden – altes Prinzip, immer wieder beliebt. Als angemeldeter User darf man außerdem Kommentare zu einem Video hinterlassen und seine Lieblingsvideos zu Playlisten hinzufügen, die sich speichern und immer wieder abspielen lassen. Wer selbst Videos hochlädt, kann außerdem seine Inhalte auf privat stellen und sie nur mit ausgewählten Leuten teilen. Allerdings ist YouTube hauptsächlich eine öffentliche Plattform, und wer seine Privatvideos nur mit wenigen Freunden teilen will, nutzt eher andere Kanäle.

Ich habe seit ein paar Jahren meinen eigenen YouTube-Kanal, lade aber ebenfalls keine Videos hoch. Dennoch lohnt sich der Channel, weil ich so andere Kanäle abonnieren kann und nicht jeden einzelnen auf Neuigkeiten abchecken muss: Auf meiner ›Abo‹-Seite kriege ich die neuesten Videos in chronologischer Reihenfolge aufgelistet. Und wenn man absolute Lieblingskanäle hat, deren Inhalte man gar nicht abwarten kann, lässt man sich einfach extra benachrichtigen, wenn's was Neues gibt.

Beides, also die Abo-Seite und deren Benachrichtigungstool, sind echt praktisch, wenn man wie ich insgesamt 182 (!) YouTube-Kanälen mehr oder weniger konsequent folgt. Die alle regelmäßig besuchen und schauen, ob sich was getan hat? Nee, danke!

Okay, wir nutzen YouTube wirklich exzessiv. Es gibt wahrscheinlich keinen Teen, der noch nie ein YouTube-Video geschaut hat. Wir Jungs sind dabei häufiger auf der Plattform unterwegs als Mädchen, und auch die Inhalte, die wir uns jeweils angucken, sind verschieden – zumindest ist das meine Erfahrung.

Apropos Inhalte: Da auch Erwachsene auf YouTube unterwegs sind, wisst ihr bestimmt, dass man dort wirklich alles findet: Von Mode, Make-up, Lifestyle über Comedy und Webserien bis hin zu Wissen, Technologie und Computerspielen gibt es nix, für das sich keine spannenden Videos finden lassen.

Von Gaming bis Beauty: die größten Kategorien auf YouTube

Lifestyle: Lifestyle-YouTuber gibt es wie Sand am Meer, und um einen eigenen Lifestyle-Channel zu eröffnen, muss man eigentlich nicht viel können. Viele filmen einfach ihren Alltag und geben Tipps und Empfehlungen zu verschiedenen Lebensbereichen - hier ein Pizzarezept, dort der Produkttest eines neuen Haarsprays. Auch im weitesten Sinne ›lustige‹ Videos, wo die Leute nur Quatsch machen, werden oft hochgeladen. Ihr seht: Alles in allem eine ziemlich schwammige Kategorie, auf der alle posten können, denen nichts Besseres einfällt. Und das sind verdammt viele! Warum wir uns das anschauen? Na, es ist eine Kombi aus Reality-Show, Comedy und Kundenrezension - alles Dinge, die ihr genauso guckt, oder etwa nicht?

Mode & Beauty: Diese Kategorie gehört streng genommen zum Lifestyle-Bereich, ich erwähne sie aber extra, weil sie etwas klarer definiert ist. Besonders zum Schlagwort ›Beauty‹ gibt es unglaublich viele Kanäle, auf denen Make-up-Tutorials - oder einfach gesagt: Schminkanleitungen - präsentiert und verschiedene Kosmetika getestet werden. Das ist natürlich eher was für Mädchen, aber zum Thema ›Mode‹ gibt es beispielsweise mit so Sachen wie Sneakertests auch einige Videos, die für uns Jungs ganz interessant sind. Das ist in etwa so, wie wenn ihr bei Stiftung Warentest nachschaut, bevor ihr euch für eine neue Waschmaschine entscheidet. Wir gucken dafür dann halt einen Clip auf YouTube. Der Riesenvorteil: Da die Tests von ganz normalen Leuten gemacht werden, braucht man keine Angst zu haben, dass sie von irgendwelchen Firmen gekauft sind.

Comedy: Hierzu zählt alles, was lustig ist (beziehungsweise sein soll). Das können Leute sein, die sich einfach vor ihre Webcam setzen und draufloslabern, Freunde, die zusammen irgendeinen Scheiß machen, wie zum Beispiel verschiedene Babybreisorten durchzutesten, oder aber richtige Comedians, die sich tatsächlich erst ein Script überlegen und das dann abfilmen. Unterhaltsam ist hier mit Sicherheit nicht alles, aber ab und zu findet man schon mal ein Highlight, das man dann auf allen Kanälen mit allen Freunden teilt, um möglichst viele Likes zu kriegen. Ist ja klar.

Gaming: Das bescherte vor ein paar Jahren den ersten YouTubern gigantische Abonnentenzahlen und ist wohl eher was, das wir Jungs uns reinziehen. Hier werden Computerspiele gespielt und entweder live oder nachträglich kommentiert, Lösungen gezeigt und Battles veranstaltet – eben alles, was das Gamer-Herz höherschlagen lässt. Und ja, es macht Spaß, sich anzuschauen, wie sich andere durch virtuelle Szenen kämpfen. Wer's nicht versteht, dem kann man's auch nicht erklären. Ist halt so.

Sport: Auch hier ist der Name Programm. Von Fußball über Tischtennis bis zum Wassersport kann man wohl jede Sportart auf YouTube finden. Da gibt's den offiziellen Kanal vom Fußballverein, der exklusiven Content anbietet, den Hobby-BMX-Fahrer, der seine eigenen Videos hochlädt, oder der Channel mit Parkour-Tutorials. Auch solch abgefahrene Disziplinen wie Unterwasserrugby entdeckt man auf YouTube. Lust auf ein neues Hobby?

Technologie: Auch eher eine Jungs-Kategorie, würde ich sagen. Die Videos hier zeichnen sich meistens durch ihre hammergute Qualität aus. Ist ja irgendwie auch klar: Wer sich so gut mit Technikkram auskennt, dass er dazu einen Kanal eröffnet, weiß normalerweise auch über die Geräte und Programme Bescheid, die man braucht, um ein qualitativ hochwertiges Video zu erstellen. Von Reviews von Smartphones und Tablets bis hin zu Softwaretests findet sich hier alles für Techniknerds und Bastler. Sehr praktisch, wenn man versucht, seinen eigenen PC aufzumotzen.

Wissen & Bildung: Ein richtig interessanter Bereich, der die unterschiedlichsten Videos hervorbringt. Ob Journalisten Wahlergebnisse interpretieren und Prognosen für die Zukunft abgeben, der persönliche Onlinecoach beim Spanischlernen hilft oder kurze Videos die Allgemeinbildung aufpeppen - hier ist man hinterher auf jeden Fall schlauer als davor. Anschauen lohnt sich also!

Interessante Channels zu entdecken, ist alles andere als schwer. Um ein passendes Video zu finden, gibt man einfach einen Suchbegriff ein und bekommt die besten Treffer angezeigt. Neben jedem Video erscheint außerdem eine Seitenleiste, in der ähnliche Inhalte und Kanäle empfohlen werden, sodass ein Clip zum nächsten führt und man mal eben die nächste Stunde auf YouTube verbracht hat. Hat man seine Favoriten zusammengesammelt und ein bestimmtes Muster für seine Interessen herausgebildet, orientiert sich YouTube daran und gibt auf der Startseite Empfehlungen, die oft ins Schwarze treffen. Dadurch habe ich schon einige gute Sachen entdeckt, die gleich mal auf meine Abo-Liste gewandert sind.

Wenn man wissen will, wofür sich die anderen User gerade so interessieren, wirft man einen Blick auf die Trends-Seite, wo die aktuell meistgeklickten Videos auf-gelistet werden – auch immer wieder einen Klick wert. Ist man regelmäßig auf YouTube unterwegs, stößt man so zwangsläufig irgendwann auf die Star-YouTuber, an denen man gar nicht vorbeikommt, weil sie einem aufgrund ihrer Beliebtheit und ihrer hohen Abonnenten-Zahl immer wieder empfohlen werden. Das kann zwar nerven, aber es funktioniert: Irgendwann klickt man doch mal drauf und schaut sich das Video an.

Einigen der Mega-Vlogger hat YouTube übrigens zum Ruhm verholfen, denn dadurch, dass manche von ihnen mehrere Millionen Follower haben, ist auch die Außenwelt auf sie aufmerksam geworden. Es gibt Bücher von YouTubern, Konzerte, Ausstellungen etc.

Den besten YouTuber zu empfehlen, ist extrem schwer, da jeder einen anderen Geschmack hat und sich für unterschiedliche Sachen interessiert. Ich habe trotzdem mal einige YouTuber als Kostprobe zusammengetragen – von den absoluten Größen im deutschen YouTube-Business über die Favoriten bei uns Jugendlichen bis hin zu meinen ganz persönlichen Lieblingen. Bestimmt ist was für euch dabei!

freekickerz: Mit knapp fünf Millionen Abonnenten ist *freekickerz* der erfolgreichste YouTube-Kanal Deutschlands. Wie der Name schon verrät, dreht sich darauf alles ... genau, um Fußball natürlich! Der Channel wird gleich von mehreren Leuten betrieben. Da gibt's Reviews von Fußballschuhen, Fußballtricks oder auch Challenges zwischen den *freekickerz* und echten Fußballprofis. Die Videos sind nicht nur super gemacht, sondern meistens auch richtig unterhaltsam – wenn man denn auf Fußball steht.

Gronkh ist der zweitgrößte YouTuber Deutschlands und das absolute Urgestein der Plattform. Hinter dem Channel steckt ein Informatiker, der 2010 angefangen hat, Videos davon zu posten, wie er Computerspiele wie zum Beispiel *Minecraft* spielt und nachträglich kommentiert. Das Konzept kam bei den Zuschauern an – von Juli 2014 bis Mai 2016 war Gronkh der meistabonnierte YouTuber Deutschlands und begeistert bis heute alle Gaming-Fans.

BibisBeautyPalace ist mit fast vier Millionen Abonnenten der beliebteste Channel aus der Lifestyle-Kategorie – und ein Must-watch bei den Mädels. Bibi postet regelmäßig Videos über Mode und Beauty, aber auch ganz andere Sachen wie zum Beispiel Clips darüber, was typisch für Mädels und was typisch für Jungs ist. Oft nimmt sie ihre Zuschauer auch nur mit durch ihren Alltag und zeigt, was sie so macht und wo sie unterwegs ist. Begleitet wird sie dabei manchmal von ihrem Freund Julienco, der ebenfalls auf den YouTube-Zug aufgesprungen ist und damit auch ganz gut Erfolg hat. Mein Fall sind beide nicht, aber ich bin ja auch kein Mädchen.

LeFloid ist krass bekannt und so was wie der Botschafter für das deutsche Internet. Auf ziemlich witzige Weise setzt er sich mit der Welt und allem, was in ihr passiert, auseinander. Dabei geht er auch auf viele ernste Themen wie sexuelle Übergriffe, Zensur im Internet oder den Brexit ein, aber nie so, dass es langweilig oder trocken wird. Ich finde seine Videos super und glaube, dass er damit vielen jüngeren Leuten den Kopf öffnet – denn dass wirklich relevante Inhalte auf YouTube behandelt werden, ist nicht gerade der Normalfall.

Emrah ist mit seinen Lifehacks bekannt geworden, also mit lustigen Tipps und Tricks zu ganz alltäglichen Dingen. Und das verdammt schnell! Als ich ihn vor einem Jahr entdeckt habe, hatte er noch fünfzigtausend Abonnenten, mittlerweile steht der Zähler bei über zwei Millionen! Ein typisches Beispiel dafür, wie schnell man bei YouTube erfolgreich werden kann. Seine Videos sind aber auch echt cool: Darin zeigt er zum Beispiel, wie man in einer Sekunde eine Kartoffel pellt, wie man aus einem alten Pulli eine Laptoptasche bastelt und, und, und ...

MrWissen2go: Einer meiner Lieblingskanäle! Ist zwar nicht der riesigste Channel, bietet aber spannendes Zeug! Die Videos drehen sich um aktuelle Themen wie zum Beispiel die Wahlen in den USA, Rassismus in Deutschland oder die Gefahr durch Terrorismus. Betrieben wird der Kanal von Mirko Drotschmann, einem Journalisten, der genauso wie LeFloid ein Meinungsmacher ist und sich nicht davor scheut, Dinge beim Namen zu nennen. Gut unterhalten, wieder was gelernt – was will man mehr?

TheSimpleClub: Hinter diesem Nickname stehen gleich mehrere Channels: *TheSimpleMaths, TheSimpleBiology, TheSimplePhysics, TheSimpleChemics* und *TheSimple Economics.* Sogar eine gleichnamige App gibt es! Die Kanäle werden von den zwei YouTubern Alex und Niko betrieben, die sozusagen virtuelle Nachhilfe in Mathe, Bio, Physik, Chemie und Wirtschaft geben. Die Videos sind meistens nach dem gleichen Muster aufgebaut, relativ kurz und so gut gemacht, dass das Lernen fast schon Spaß macht – mehr zumindest, als dicke Schulbücher zu wälzen. Ein echt mal nützlicher Channel, der euch, liebe Eltern, die Kosten für den Nachhilfelehrer spart!

Ihr seht, YouTube ist nicht nur super zur Unterhaltung, sondern genauso praktisch wie pädagogisch wertvoll. Kürzlich konnte ich meine Mutter durch einen Lifehack, den ich auf Emrahs Kanal gelernt hatte, sogar richtig beeindrucken. Sie stand gerade vor dem Küchentresen und hantierte frustriert an der Kaffeemaschine herum, als ich in die Küche kam, um zu frühstücken.

»Mist«, brummte sie.

»Was ist denn los?«, fragte ich, während ich mir eine Müslischale aus dem Schrank holte.

»Ich glaube, hier ist was kaputt. Die Milch wird einfach nicht schaumig. Dabei wollte ich so gern einen Cappuccino trinken.« Sie seufzte genervt.

»Mach's doch einfach mit der Mikrowelle«, schlug ich vor.

»Hm?«

Ich griff kurzerhand nach der offenen Milchpackung vor ihr, füllte ein Glas mit Milch, packte es in die Mikrowelle und stellte den Timer auf vierzig Sekunden. Während die Uhr lief, schüttete ich mir Müsli in die Schale und füllte sie mit dem letzten Rest Milch auf. Meine Mutter beobachtete interessiert die Mikrowelle. Als es ›bing!‹ machte, nahm ich das Milchglas heraus und stellte es auf dem Küchentresen ab – voilà schaumige Milch!

»Oh, ich wusste gar nicht, dass man das auch so machen kann. Danke!« Meine Mutter schaute mich beeindruckt an. »Woher hast du denn das?«

»Ist ein Lifehack. Hab ich auf YouTube gelernt.«

»Ein was?«

»Ach, nichts, Mama«, sagte ich, schnappte mir mein Müsli und ließ sie mit ihrem Cappuccino allein.

•

Obwohl es heutzutage unzählige YouTube-Stars und -Sternchen gibt, kennt man eigentlich niemanden persönlich, der selbst Videos hochlädt, zumindest nicht professionell oder regelmäßig. Und Regelmäßigkeit ist das Wichtigste, wenn man es als YouTuber zu etwas bringen will. Egal welchen Content man kreiert, man kann sich sicher sein, dass es irgendjemanden da draußen gibt, der die Sachen, die man macht, halbwegs interessant findet – nur darf man eben nicht zu schnell aufgeben. Abonnenten zu sammeln, dauert besonders am Anfang ziemlich lange, aber wenn man einmal die Tausend überschritten hat, wird das Ding quasi zum Selbstläufer, solange man regelmäßig Clips veröffentlicht. Die müssen dabei nicht mal besonders originell sein, weshalb viele YouTuber einfach auf die typischen Video-Arten zurückgreifen, die sich in den letzten Jahren auf YouTube etabliert haben. Zu den ›Standard‹-Clips gehören die erwähnten Tutorials und Reviews, aber die Auswahl ist noch viel größer und wächst ständig weiter, sodass es schwer ist, da überhaupt noch den Überblick zu behalten.

Welche Video-Typen gibt es? Ein kleiner Überblick über ein großes Feld ...

Vlog: Das Wort ›vloggen‹ ist eine Kombination aus ›bloggen‹ und ›Video‹ und bedeutet einfach nur, dass man einen Ausschnitt aus seinem Leben in Form eines Videos online stellt. Heißt, man macht das, was man sonst auch machen würde, und hält dabei die Kamera drauf. Je nachdem, wer das macht und was er dabei genau anstellt, kann das entweder richtig spannend und lustig sein oder aber todlangweilig.

Follow Me Around: Das ist eigentlich das Gleiche wie ein Vlog, klingt aber actiongeladener. Meistens ist der YouTuber irgendwo draußen unterwegs und nimmt seine Zuschauer per Kamera einfach mit.

Review: Eine Review ist ein Produkttest. Dabei ist es erst mal egal, um was es geht. Der eine YouTuber macht zum Beispiel Reviews von Videospielen, der andere reviewt Sneaker, und auf wieder einem anderen Channel gibt es Reviews von Lippenstiften zu sehen. Ihr habt euch eine neue Espressomaschine, einen Rasierapparat oder auch einfach nur einen Radiergummi gekauft? Super! Filmt, wie ihr sagt, was ihr davon haltet, und ladet es hoch. Womöglich gibt es irgendwo da draußen einen Unentschlossenen, der auf eine Kaufempfehlung (oder ein Abraten) wartet.

Tutorial: Das ist eine Anleitung zu ... einfach irgendetwas. Tutorials gibt es massenweise auf YouTube und wirklich zu *allen* Themen. Das können Make-up-Tutorials – bei den Mädchen sehr beliebt –, Dance-Tutorials oder einfach nur Kochrezepte sein. Ihr habt euch eine neue Espressomaschine gekauft? Super! Filmt, wie ihr erklärt, wie man sie bedient, und ihr habt bestimmt den ersten Follower!

Lifehack: Eine Unterart vom Tutorial, bei der es um praktische Tricks für ganz alltägliche Dinge geht. Wenn man wissen will, wie man einen Kuchen in einer Tasse in der Mikrowelle backt oder harte Butter sofort formschön aufs Brot kriegt, dann findet man die Antwort dazu normalerweise hier. Weil viele Hacks total absurde Ideen beinhalten, auf die man selbst niemals kommen würde, sind sie oft superwitzig!

Challenge: Normalerweise treten bei einer Challenge zwei oder mehrere Leute in einem Video gegeneinander an, man kann aber auch allein ein Challenge-Video drehen. Worum es bei der

Herausforderung geht, ist dabei völlig egal, Hauptsache, es wird gebattelt. Das kann ein Onlinegame sein, der Versuch, nicht zu lachen, während man sich witzige Sachen anschaut, oder ein Wetttrinken von Smoothies mit superekelhaften Zutaten. Mitunter wachsen sich Challenges sogar zu Trends aus und werden dann von anderen YouTubern aufgegriffen. So zum Beispiel die Ice Bucket Challenge vor ein paar Jahren, bei der sich plötzlich jeder zweite Internet-User einen Eimer mit eiskaltem Wasser über den Kopf gekippt und ein Video davon aufgenommen hat.

Unboxing: »Stinkt!«, »Sieht geil aus!«, »Ob man das essen kann?«, »Scheiße, wo stellt man das denn an?«, »Da passe ich nie rein!« ... Beim Unboxing kriegt man viel zu sehen und zu hören, denn in diesen Clips packen YouTuber ein gerade geliefertes Produkt aus und teilen ihren ersten Eindruck dazu mit. Wozu das gut ist? Na ja, Auspacken macht doch Spaß, oder nicht?

Haul: Hier also endlich die Aufklärung! Ein Haul ist so was Ähnliches wie ein Unboxing-Video, nur packt man dabei kein Produkt aus dem Karton aus, sondern zeigt, welche Einkäufe man von einer Shoppingtour mit nach Hause gebracht hat. Diesen Video-Typ findet man besonders oft auf Mode- und Beauty-Channels. Sehr beliebt – nicht nur bei meiner Schwester – ist zum Beispiel der ›dm Haul‹, bei dem man zeigt, was man gerade Neues im Drogeriemarkt entdeckt hat.

Prank: Die moderne Version von *Verstehen Sie Spaß?*. In einem Prank wird irgendjemand reingelegt, im Gegensatz zur Lightversion im Fernsehen allerdings meistens ziemlich fies. Schon mal Sekundenkleber auf der Klobrille gehabt oder jemandem im Schlaf die Haare abgeschnitten? Zugegeben, manche Pranks gehen echt unter die Gürtellinie und sind damit nicht mehr witzig.

Let's Play: Wie sollte es anders sein - diesen Video-Typ haben sich die Gamer auf YouTube ausgedacht. Dabei lässt man seine Follower einfach dabei zuschauen, wie man ein Videogame spielt. Viele YouTuber geben gleichzeitig noch einen Live Commentary dazu ab, was dann so ähnlich ist, wie wenn man dem Bruder oder der Schwester oder dem besten Freund beim Gamen zuschaut. Ich erwähnte ja schon, dass das Spaß macht!

Top ...: Toplisten gibt's überall, auch auf YouTube. Das reicht von den ›Top 10 der besten Pokémon‹ bis zu den ›Top 5 der besten Kopfhörer unter fünfzig Euro‹. Wenn man also nicht weiß, was man machen soll - ein Toplisten-Video geht immer!

Auf YouTube geht einfach alles – solange es mit Fun gemacht ist. Denn egal welche Videos ein YouTuber macht, wenn er sich nur für den Fame oder wegen Geld auf YouTube rumtreibt, merkt man das, und halbherzig hingeklatschte Videos kommen bei den Zuschauern nicht gut an. Leider treiben sich mittlerweile eine Menge solcher YouTuber herum, die mit einfallslosem Content aufs schnelle Geld hoffen, da die großen YouTube-Stars ja vormachen, dass man mit selbst gedrehten Clips nicht nur einfach seinen Lebensunterhalt verdienen, sondern ganz schön viel Kohle machen kann.

Geld auf YouTube verdienen ... wie geht das denn? Niemand redet so richtig darüber, aber es ist allgemein bekannt, dass YouTube seinen Usern die Möglichkeit bietet, ihre Videos zu ›monetarisieren‹. Wählt man diese Einstellung, wird vor jedes selbst veröffentlichte Video eine kurze Werbeanzeige geschaltet, und man erhält für jeden Klick auf das Video einen kleinen Geldbetrag. Wie viel genau, hängt davon ab, was für Videos man veröffentlicht und welche Werbeanzeigen zu dem Thema passen. Allgemein lässt sich also sagen, dass man mit einer hohen Abonnentenzahl schon ganz gut verdienen kann.

»Meine Mama ist Ärztin, mein Papa arbeitet in einem Autoladen. Und was machen deine Eltern?«

»Sind beide auf YouTube. Mama macht Hauls, Papa Reviews.«

Nun, wieso nicht?

•

Die Tatsache, dass Eltern bei den ganzen Apps und Social-Media-Plattformen nicht so wirklich durchsteigen, hat manchmal echt Vorteile. Neulich saß ich in meinem Zimmer vor dem Computer und schaute ein YouTube-Video nach dem anderen – und zwar schon seit fast einer Stunde. Ja, eigentlich hätte ich meine Hausaufgaben machen sollen, aber irgendwie machte das hier gerade viel mehr Spaß ...

Es klopfte an der Tür. »Robert?«, fragte meine Mutter.

»Yip?« Ich pausierte das Video, das gerade lief.

Sie streckte den Kopf zur Tür herein. »Was machst du eigentlich? Du sitzt heute ja den ganzen Tag vorm Computer ... Hast du deine Hausaufgaben schon gemacht?«

»Ähm, ich ... bin dabei.« Ich nickte konzentriert. »Ich recherchiere gerade für das Referat, das ich nächste Woche halten muss. Ganz schön viel Arbeit.«

»Ach«, sagte meine Mutter stolz, »dann ist ja gut. Immerhin verschwendest du nicht deine ganze Zeit mit Fernsehschauen, so wie Heikes Sohn. Dann lass ich dich jetzt lieber wieder allein, damit du weiterarbeiten kannst.« Leise schloss sie die Tür hinter sich.

Ich grinste und drückte auf *Play*. Ach, Mama!

Dass YouTube mit der riesigen Auswahl an Themen unter Jugendlichen das normale Fernsehen zum größten Teil verdrängt hat, ist bei vielen Erwachsenen noch nicht angekommen. Die meisten von uns ziehen YouTube dem Fernsehen inzwischen vor, weil wir uns dort selbst aussuchen können, was wir schauen und vor allem wann, und wir uns nicht mit einem vor Wiederholungen triefenden, festgelegten Programm herumquälen müssen. Ganz ehrlich, im Fernsehen läuft mittags nur Schrott, und die interessanten Filme und Serien, die abends kommen, kann man sich online viel einfacher anschauen (mehr dazu auf Seite 164 ff.).

Bei vielen YouTube-Videos ist außerdem die Qualität so gut, dass die meisten Fernsehproduktionen dagegen eh abstinken. Und die Werbepausen im Fernsehen nerven extrem. Klar, Werbung gibt es bei YouTube auch, aber was ist denn bitte ein einzelner Zwanzig-Sekunden-Spot verglichen mit einer Zwangspause von fast zehn Minuten? Eben! Und dadurch, dass YouTube die Werbespots auf die Interessen der User zuschneidet, sind sie, wenn man Glück hat, auch noch halbwegs interessant. Zum Beispiel läuft dann ein Trailer für einen neuen Kinofilm, den ich möglicherweise tatsächlich cool finde, und ich werde nicht mit irgendeiner beknackten Waschmittelwerbung genervt.

Ein weiterer Pluspunkt von YouTube: Man verpasst nie etwas! Zwar kann man heutzutage bei vielen TV-Sendern Versäumtes nachträglich in der sendereigenen Mediathek streamen, aber die sind meistens extrem schlecht designt, und weil man für jede Sendung erst den passenden Kanal suchen muss und manche Videos dann auch nur für ein paar Tage sichtbar sind, ist das alles sehr umständlich. Da kneift man es sich lieber gleich ganz. YouTube-Videos dagegen kann ich schauen, wann ich will und so oft ich will – Freiheit total!

Durch seine Form hat YouTube übrigens auch das Glotz-Verhalten an sich verändert. Hockt man, wenn man dann doch mal den Fernseher anschaltet, gleich für eine oder mehrere Stunden vor der Kiste, um einen Film oder eine TV-Show zu sehen, so zieht man sich auf YouTube nur selten so lange am Stück Videos rein. Da die Formate viel kürzer sind als im Fernsehen, verteilt sich die Zeit, die man auf der Plattform verbringt, stückchenweise auf den ganzen Tag. Oft schaue ich zum Beispiel während des Mittagessens einige Videos, dann wieder ein paar nach den Hausaufgaben, eins, bevor ich zum Sport gehe, und dann noch eine ganze Reihe, bevor ich ins Bett falle. Das macht es natürlich schwer zu sagen, wie viel Zeit man letztendlich jeden Tag auf YouTube verbringt, aber ich würde sagen, dass das bei mir irgendwas zwischen einer und vier Stunden sind. Wobei vier Stunden auch nur in Ausnahmefällen zustande kommen, zum Beispiel am Wochenende, wenn ich Zeit habe und schon morgens im Bett ein paar Stunden auf YouTube unterwegs bin.

Wem das Sorgen bereitet: Es gibt auch immer wieder die Phasen, wo einen YouTube annervt und man ein paar Tage mal gar nicht auf der Plattform vorbeischaut. Die Videos laufen einem ja nicht weg, und somit hat man überhaupt keinen Druck, ständig bei YouTube online zu sein.

Genauso wie ihr euch wahrscheinlich früher mit euren Freunden über Sendungen, die im Fernsehen liefen, unterhalten habt, gehört es für uns zum Alltag, uns über YouTube-Stars und deren Clips auszutauschen. Vor zwei Jahren, als YouTube auf dem Höhepunkt seines Hypes stand, war das ganz schön extrem, da hat echt jeder darüber geredet. Heute ist es eins von vielen Themen. Aber es ist witzig zu beobachten, wie sich manche Redensarten und Sätze, die ursprünglich von bekannten YouTubern stammen, bei uns einschleichen. In meinem Freundeskreis ist das zum Beispiel das typische »Ja, Digga« von MarcelScorpion, das wir mittlerweile ständig sagen, ohne groß darüber nachzudenken. Da sieht man mal, was für ein wichtiger Bestandteil unseres Lebens YouTube geworden ist!

Genauso haben YouTube-Videos durch die vielen Reviews und Empfehlungen einen gewaltigen Einfluss auf das, was wir kaufen, was die Ersteller der Clips zu attraktiven Werbepartnern macht und die Videos zum perfekten Platz für Product-Placements. Vor ein paar Jahren gab es da auch mal einen großen Aufschrei, und seitdem müssen Produktplatzierungen von Werbepartnern zumindest in der Beschreibung des Videos als solche gekennzeichnet werden. Bei den Fans der YouTube-Stars kommen die Empfehlungen meistens trotzdem gut an, und insbesondere jüngere Zuschauer sind da vielleicht nicht so kritisch, wie man es sein könnte ...

•

Zu guter Letzt: YouTube und Musik!

In den Anfangszeiten der Plattform funktionierte das mit dem Musikhören auf YouTube noch ganz gut, bis dann die GEMA viele Musikclips in Deutschland gesperrt hat, da sie im Streamen der Inhalte einen Verstoß gegen das Urheberrecht sah. Statt seines Lieblingssongs kriegte man dann schnell mal diesen beknackten Hinweis vorgeknallt:

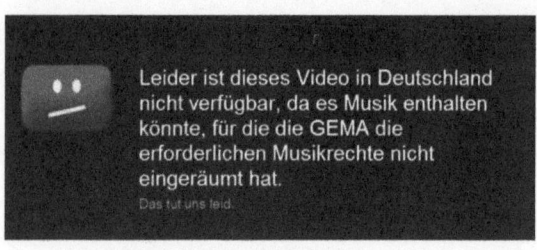

Leider ist dieses Video in Deutschland nicht verfügbar, da es Musik enthalten könnte, für die die GEMA die erforderlichen Musikrechte nicht eingeräumt hat.
Das tut uns leid.

Seit erstem November 2016 ist das nun aber wieder vorbei – nach jahrelangem Hin und Her haben sich GEMA und YouTube endlich geeinigt: Urheber und Verleger der Musik werden für die Nutzung ihrer Werke auf YouTube entlohnt, und dafür dürfen wir endlich auch in unserem Land auf unserer Lieblingsplattform hören und schauen, was unser Herz begehrt.

Top 3, warum es wichtig ist, uns YouTube-Videos schauen zu lassen:

1. Auch hier wieder: YouTube bringt uns bei, Content zu finden, der uns interessiert und im besten Fall weiterhilft. Ohne es zu merken, sammeln wir nebenher außerdem jede Menge Informationen und häufen einen ordentlichen Berg Wissen an. Selbst wenn das meiste davon überflüssig erscheint – man kann nie wissen, wann man es mal braucht!

2. Wofür ihr früher *Bravo*, *MAD* oder *Yps* gebraucht habt, dazu schauen wir heute YouTube. Wo ihr früher Tapes aufgenommen habt, erstellen wir heute Playlists auf YouTube. Und wo

Vorsicht vor dieser Teenager-Volkskrankheit! Wie Eltern erkennen, ob ihr Kind Instagram-süchtig ist

Meine Schwester Ricci leidet seit Neuestem an einer Krankheit, die uns Teenager (laut Aussage unserer Eltern) allzu oft befällt: Sie ist Instagram-süchtig. Die Symptome: das zwanghafte Knipsen von einfach allem (einschließlich sich selbst) mit der Handykamera, stundenlanges Scrollen durch den Instagram-Feed und das permanente Herumtragen eines Selfiesticks (das sind diese lustigen Stäbe, an denen man das Handy befestigen kann, um Fotos von sich selbst zu machen). Prinzipiell ist Instagram-Sucht heilbar, das Problem ist nur, dass die meisten Ärzte noch nie davon gehört haben – sie sind einfach zu alt. Als Behandlung hilft nur ein kompletter Smartphone-Entzug, aber da niemand mit den dabei auftretenden Nebenwirkungen leben will (schreien, heulen, Dinge an die Wand werfen, über den Boden robben und sich flehend an Mamas/Papas Bein festklammern, um nur einige zu nennen), wartet man normalerweise einfach ab, bis die Patienten von selbst genesen, weil ihnen der anstrengende Instagram-Lifestyle auf Dauer zu stressig ist.

Keinen Peil, wovon ich rede? Glückwunsch! Ihr seid eindeutig nicht Instagram-süchtig. Damit ihr trotzdem durchblickt: Instagram ist nichts anderes als eine App, mit der man Fotos teilen kann und die unser Verhältnis zu Bildern in den letzten paar Jahren ziemlich krass geprägt hat. Während ihr früher noch ganz umständlich mit der Kamera Fotos knipsen, sie entwickeln oder ausdrucken lassen und anschließend in ein Album einkleben musstet, bevor ihr die Schnappschüsse euren Freunden zeigen konntet, machen wir Teenager (na ja, und ihr inzwischen auch) das ganz einfach mit ein paar Klicks auf unserem Smartphone.

Seit Instagram 2010 gelauncht wurde, hat die Plattform über vierhundert Millionen Nutzer angesammelt, von denen sich mehr als sechzig Prozent täglich mindestens einmal einloggen. Mit so vielen aktiven Nutzern kommt die App in der Social-Media-Hierarchie gleich hinter Facebook – bei uns Teenagern rankt sie aber auf jeden Fall weit davor.

Das Grundprinzip von Instagram: Man veröffentlicht eigene Bilder (für Freunde oder alle Nutzer) und kann sich die Fotos von anderen anschauen, sie liken und kommentieren (ja, auch hier. Und ja, man braucht die verschiedenen Plattformen, auch wenn sie alle nahezu die gleichen Funktionen bieten – ich versuche ja gerade, euch die Unterschiede zu erklären). Typisch für die Instagram-Optik waren ursprünglich quadratische Bilder, über die ein Retro-Filter mit knalligen Farben gelegt wurde – das Markenzeichen der App, mit dem sie sich von Anfang an deutlich von anderen Websites und Apps abhob. Selbst Leute, die Instagram nicht selbst benutzt haben, erkannten den Style. Damit die eigenen Bilder in die quadratische Form passten, musste man sie vor dem Posten extra zuschneiden. Mittlerweile lässt Instagram aber mehr kreative Ideen zu: Es können sowohl Bilder im Hochformat als auch im Querformat hochgeladen werden, und sogar Videos kann man inzwischen teilen. Die Handhabung ist dabei supereasy und das Design extrem benutzerfreundlich.

Instagram – ein Schnelldurchlauf

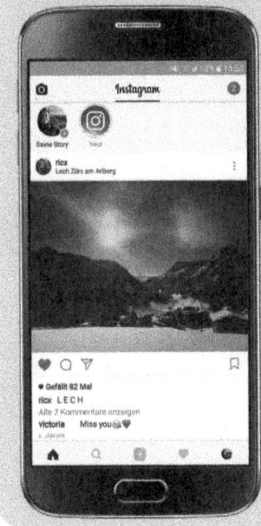

Ansicht 1: Die gute alte Startseite aka der persönliche Instagram-Feed! Hier werden die Bilder der Accounts angezeigt, denen man folgt, und man kann liken und kommentieren, was das Zeug hält.

Ansicht 2: Mit einem Klick auf die Lupe kommt man zur Suchansicht. Hier kann man nach Accounts, Orten oder Hashtags suchen oder sich die Bild-Empfehlungen anschauen, die Instagram anhand des bereits abonnierten Contents generiert. Oft liegt die App damit genau richtig, und es sind spannende Sachen dabei.

Ansicht 3: Ein Klick auf das Plus-Symbol und schon kann man Bilder ins eigene Profil kopieren. Anders als beispielsweise bei Snapchat muss das Foto, das man posten möchte, nicht mit Instagram selbst aufgenommen sein, sondern kann aus der Handy-Galerie ausgewählt werden. Will man das Bild nicht nur auf Instagram teilen, kann man außerdem gleich die Social-Media-Plattformen wählen, auf denen der Post sonst noch veröffentlicht werden soll, zum Beispiel Facebook, Twitter ... die üblichen Verdächtigen eben.

Ansicht 4: Hier kann man alle Aktivitäten überblicken, die den eigenen Account betreffen - also wenn jemand ein Bild likt, einen Kommentar schreibt, den eigenen Account irgendwo markiert oder eine Anfrage zum Folgen schickt.

Ansicht 5: Das eigene Instagram-Profil Diese Seite besteht aus einem Profilbild, dem Usernamen und einer kleinen Kurzbeschreibung, die man füllen kann, womit man möchte. Darunter folgt der persönliche Instagram-Feed, also alle Bilder, die man jemals gepostet hat in Form eines riesigen Patchwork-Teppichs. Und dann gibt's noch einen Button, der einen zu allen Bildern führt, auf denen man getaggt wurde. So kriegt man mit einem Klick eine ganze Galerie von sich selbst zu sehen und behält den Überblick darüber, was von einem so zu sehen ist.

Obwohl in meinem Freundeskreis wirklich jeder einen Instagram-Account hat, sind längst nicht alle so besessen davon wie meine Schwester. Ricci macht wirklich von allem und jedem Fotos, da ist es schon ein Wunder, wenn man mal ihr Gesicht sieht, weil sie gerade nicht das iPhone davorhält. Vor einiger Zeit ist sie dann – wie hätte man es anders erwarten können – voll auf den Food-Trend aufgesprungen.

Der Food-Trend?

Yip, genau. Es gibt Leute, die auf Instagram Fotos von ihrem Essen posten. Muss man nicht verstehen, ist aber ein ziemlich großes Ding. ›Food-Porn‹ nennt sich das auch. Dabei fotografiert man im besten Fall nicht die Spaghetti mit Tütensoße, die man sich zum Abendessen schnell in den Topf gehauen hat, sondern präsentiert richtig stylishe Bilder aus wenn möglich noch cooleren Restaurants.

Als wir letztens zum Geburtstag meines Vaters bei unserem Lieblingsitaliener waren und unsere Pizza und Pasta serviert wurde, konnte Ricci es mal wieder nicht lassen.

»Stopp!«, schrie sie, als mein Vater gerade zu Messer und Gabel greifen wollte. »Keiner fasst irgendwas an, ich muss erst noch ein Foto machen!« Sie zückte ihr iPhone und lehnte sich über den Tisch.

Meine Mutter rollte genervt mit den Augen. »Können wir das nicht diesmal ...«

»Nein!«

»Aber ich hab Hunger«, warf ich ein.

»Moment noch!«

Knips, knips, knips.

»Können wir jetzt endlich?«, fragte mein Vater.

»Nein!« Sie scrollte durch die eben gemachten Bilder. »Das richtige ist noch nicht dabei. Ich mach noch ein paar.« Sie griff nach der Pfeffermühle und platzierte sie weiter rechts auf dem Tisch. Meine Mutter schaute sie fragend an. »Die hat einen komischen Schatten geworfen«, erklärte Ricci. »Mama, würde es dich vielleicht stören, wenn wir ein bisschen Parmesan auf deine Pasta geben, für den Kontrast?«

»Also eigentlich wollte ich kein ...«

Meine Schwester verteilte großzügig geriebenen Käse auf den Nudeln meiner Mutter. Aus der Richtung meines Vaters ertönte ein lautes Magenknurren.

»Also, ich fange jetzt an!«, kündigte er an.

»Nein!«

Knips, knips, knips.

Auf der Stirn meines Vaters zeichnete sich eine Ader ab. Meine Schwester scrollte wieder durch die Galerie auf ihrem iPhone. »Eins noch, dann hab ich's!«

Ich griff nach meinem Handy und schaute mir meine neuen Snaps an, wenn ich schon nicht essen durfte – Jennifer, eine Klassenkameradin, ließ uns an dem Anblick ihres neuen Glitzertops teilhaben, das sie selbst als ›really hot‹ bezeichnete. Von Yasmin erhielt sie dafür ein Selfie mit dickem Kussmund, Paul antwortete mit dem prasselnden Feuer im Kamin seiner Eltern und dem Kommentar: ›truly hotter‹.

In der Zwischenzeit stieg meine Schwester auf ihren Stuhl, um mehr vom edel gedeckten Tisch auf ihr Foto zu bekommen. Ihr Oberkörper schwankte bedrohlich über unserem Essen. Meine Mutter schlug peinlich berührt die Hände vor dem Gesicht zusammen, und von der Theke aus warfen uns die Kellner missbilligende Blicke zu. Vermutlich dachten sie: »Schon wieder eine von denen!«

»Uuund ...«, tönte Ricci.

KNIPS.

»So, das war's.« Glücklich hüpfte sie von ihrem Stuhl. Ein Seufzen ging durch die Runde, und wir griffen ungeduldig nach unserem Besteck.

»Und, wie ist es?«, fragte meine Mutter.

Mein Vater kaute bedächtig, bevor er antwortete: »Kalt.«

Zum Glück sind wir nicht alle solche Instagram-Junkies wie meine Schwester, sonst könnte ich eure Vorbehalte gegen all unsere Apps ja verstehen. Ich selbst habe ungefähr seit dreieinhalb Jahren einen Account und in dieser Zeit gerade mal 32 Fotos hochgeladen – also knapp jeden Monat mal eins. Ich poste nur dann Bilder, wenn ich irgendeinen besonderen Grund dazu habe, zum Beispiel im Urlaub oder wenn ich irgendein cooles Event besucht habe. Es gibt auch Leute, die gar nicht selbst posten, sondern Instagram nur nutzen, um sich die Fotos von anderen anzuschauen.

Was den Unterschied zwischen Jungs und Mädchen angeht, so ist es bei Instagram ähnlich wie bei Snapchat: Mädchen posten normalerweise mehr Fotos und machen viel mehr Selfies als Jungs.

Apropos Selfies: Die macht man übrigens nicht aus der Not heraus, weil gerade keiner da ist, der einen fotografiert, sondern weil das mittlerweile genauso üblich ist wie zu Beginn des Fotozeitalters diese gestellten Bilder, auf denen die ganze Familie in Sonntagskleidung um das Oberhaupt herum posiert und ernst in die Kamera schaut.

In unserem letzten Urlaub war meine Schwester hart damit beschäftigt, ein Bild von sich selbst mit dem tollen Sonnenuntergang im Hintergrund zu schießen. Mit dem iPhone in der Hand legte sie einen wahren Dance hin, um so viel wie möglich aufs Foto zu kriegen. Irgendwann konnte sich das meine Mutter nicht mehr mit ansehen und bot an: »Ricci, ich kann doch das Foto für dich machen.«

Meine Schwester rollte darauf natürlich nur genervt mit den Augen und meinte: »Ja, nee, Mama, dann ist es ja kein Selfie mehr.«

Macht Sinn, oder? Wobei ich zugeben muss, dass ich meine Mutter vielleicht auch nicht damit beauftragt hätte, ein Bild von mir zu machen. Die hat nämlich, wenn es ums Fotos-Schießen mit Smartphone, Tablet und Co geht, immer noch nicht ganz raus, wo bei diesen Geräten denn eigentlich die Linse ist. Das Resultat: Die gemachten Bilder bestehen größtenteils aus ihrem Daumen ... Oh, Mama!

Nach dem Shooting kommt dann der eigentliche Spaß: das Herumspielen mit den Filtern! Denn das, liebe Eltern, ist der pädagogisch wertvolle Teil von Instagram, weil wir hier unsere Kreativität voll ausleben können. Und glaubt nur nicht, dass wir einfach hier mal ein bisschen schwarz-weiß malen und dort die Lichtverhältnisse ein wenig switchen, nö, vielen sind die Filter auf Instagram allein zu langweilig, und sie peppen ihre Bilder vor dem Posten mit einer anderen Bildbearbeitungs-App (Retrica oder Afterlight) auf. Und da geht eine Menge mehr!

Bei Mädchen beliebt ist zum Beispiel Facetune, das zwar ein paar Euro kostet, dafür aber eine Menge Make-up spart. Mit ein paar Klicks verschwinden nämlich mal eben Pickel, unreine Haut wird weichgezeichnet, und sogar ganze Körperteile lassen sich verformen. Du hast ein Vollmondgesicht? Kein Problem, Facetune hilft dir beim (virtuellen) Abspecken. Ganz schön krass eigentlich, und meist geht so ein Aufhübschen auch nach hinten los, denn schließlich wissen wir ja, wie unsere Klassenkameraden in Wirklichkeit aussehen. Wenn sich da eine die Speckröllchen mal eben wegklickt, dann lästern eher alle, als dass es Bewunderung gibt.

Und Eltern haben da natürlich wieder einen eigenen Blick drauf: Letztens gab es voll das Drama, weil die Mutter einer Mitschülerin ihrer Tochter (Klara) das

Posten auf Instagram verboten hatte. Sie hatte nämlich mitbekommen, dass auch Klara virtuell an ihrem Körper rumbastelte, und nun Angst, ihre Tochter könne magersüchtig werden oder so.

»Als ob ich nicht wissen würde, dass Modelmaße ungesund sind«, kotzte sich Klara in der großen Pause bei ihren Mädels aus. Weil es regnete und wir alle drinnen saßen, kriegten wir Jungs das Gespräch mit.

»Darum geht's ja auch voll gar nicht«, pflichtete Yasmin bei. »Ist doch bloß ein Bild – so wie man eben sein möchte. Das heißt ja nicht, dass man deswegen gleich 'ne Diät macht.«

»Ja, aber die haben mega Angst, dass mein Selbstwertgefühl darunter leidet, wenn ich mich immer hübscher mache, als ich bin.«

»Wer macht das denn bitte nicht?«, ereiferte sich nun Sophie. »Das ist doch scheinheilig – als ob deine Eltern nicht genauso eitel wären. Färbt sich deine Mutter nicht die Haare?«

»Doch«, Klara nickte, »tut sie. Und steigt jeden Morgen auf die Waage.«

»Siehst du. Vielleicht ist sie einfach neidisch, weil sie keine Ahnung hat, wie sie von sich selbst so schicke Bilder hinkriegt«, meinte Yasmin.

Klara zuckte mit den Schultern. »Wie auch immer. Ich habe mir einfach einen neuen Account zugelegt, dessen Nutzernamen sie nicht kennen. Da kriegen sie dann eh nicht mit, was ich poste.«

So sieht's nämlich aus, liebe Eltern: Was ihr uns verbietet, machen wir heimlich. Findet ihr das besser? Also, warum reden wir nicht einfach drüber, wenn ihr Angst habt, und ihr hört euch mal unsere Argumente an? Manchmal sind wir gar nicht so naiv, wie ihr glaubt!

Und wenn ihr nun Angst habt, dass jeder Wildfremde die aufgehübschten Bilder eurer Töchter (oder die unverfälschten eurer Söhne ☺) im Internet aufspüren und wer weiß was damit anstellen kann, so kann ich euch beruhigen: Die meisten von uns haben private Profile, die nur für Leute auffindbar sind, denen man das auch erlaubt. Will dem eigenen Account jemand folgen, muss derjenige einem erst mal eine Anfrage schicken, damit man ihn oder sie freischalten kann. Das wirkt vielleicht nicht immer so, aber die Vorstellung, dass all unsere Fotos im Internet einfach so für jeden frei zugänglich sind, finden auch wir nicht besonders toll.

By the way: Wusstet ihr, dass sogar Angela Merkel einen Instagram-Account betreibt (oder zumindest Leute hat, die das für sie tun)? Genauso wie jede Marke, jeder Schauspieler, jede Band etc. einen offiziellen Facebook-Account hat, nutzen die meisten zusätzlich ein Profil auf Instagram, damit die Follower auch bildertechnisch immer auf dem neuesten Stand bleiben. Daran sieht man mal, was für einen hohen Stellenwert die App mittlerweile hat. Wer eine große Reichweite erzielen will und freiwillig auf Instagram als Kommunikationskanal verzichtet – na, dem ist eben nicht zu helfen.

Zurück zur Instagram-Sucht: Ich checke meinen Account zwar nicht so oft wie Ricci, aber schon so jede Stunde einmal, um zu schauen, welche neuen Bilder sich in meinem Feed tummeln. Meistens ist das schnell erledigt, und nach fünf Minuten höre ich dann auch wieder auf. Es kann aber auch mal passieren, dass ich länger online bleibe, mich von einem Profil zum nächsten klicke, durch zig Feeds scrolle und dann eine halbe Stunde oder länger vor der App hänge. Dieses Phänomen kennt wahrscheinlich jeder in meinem Alter, denn wir alle sind schon mal im Instagram-Universum verloren gegangen – kein Wunder, denn es gibt da auch wirklich jede Menge zu entdecken. Und für uns gehört es eben dazu. Ob etwas draußen auf der Straße passiert oder bei Instagram und Co ist für uns einfach kein Unterschied mehr – es ist Teil unseres sozialen Lebens, also sind wir dabei.

Aber natürlich ist auch an Instagram nicht alles nur toll und super. Was nervt, ist zum Beispiel die Ideenlosigkeit der Entwickler, die sich regelmäßig bei neuen Updates zeigt. Statt sich was Neues einfallen zu lassen, klauen sie nämlich einfach bei der Konkurrenz. Vor einigen Jahren zuerst die Videofunktion, die stark an die von Vine erinnerte (eine App, die bei uns Jugendlichen nie besonders beliebt war). Nach den ersten Erfolgen von Snapchat bot Instagram dann ein neues Update mit der Möglichkeit zu Privatnachrichten an, was an sich ja noch okay ist, aber 2016 kam schließlich auch noch eine Story-Funktion hinzu, mit der man direkt mit der App aufgenommene Videos für 24 Stunden online stellen kann ... Hallo Snapchat!

Aus Protest boykottieren viele Jugendliche die geklaute Story-Funktion, sodass wir beide Apps benutzen. Denn Instagram ganz den Rücken zu kehren – das kommt trotz aller Empörung dann doch nicht infrage.

Facebook, Twitter, WhatsApp, Instagram ... überall und alles und am besten gleichzeitig!

Social-Media-Dienste gibt es wie Sand am Meer, und bis hierhin habe ich ja nur die größten vorgestellt. Ihr fragt euch, wie man als Benutzer auf all diesen Plattformen nicht den Überblick verliert und in seinem Alltag überhaupt genug Zeit für seine umfangreichen Onlineaktivitäten findet?

Na ja, zuerst einmal benutzen wir die verschiedenen Apps und Websites ja zu unterschiedlichen Zwecken – so wie ein Handwerker seinen Werkzeugkasten. Der weiß auch ganz genau, wofür er was braucht. Und selbst wenn wir mehrere Kanäle auf einmal mit dem gleichen Content bespielen wollen, müssen wir dazu nicht auf jeder Plattform extra einen neuen Beitrag erstellen, sondern es genügen sogenannte Crossposts. Wenn ich beispielsweise auf Instagram ein Bild veröffentliche, reicht ein Klick, um es gleichzeitig auch auf Twitter, Facebook und Co zu posten. Wirklich jede Social-Media-Seite hat ihren eigenen Sharing-Button, und auch auf vielen normalen Websites finden sich solche Felder, mit dem sich, was auch immer man sich gerade angeschaut hat, mit einem Klick überall teilen lässt. Und wem das noch nicht genug ist, für den gibt's Extra-Apps zum Verwalten seiner Account-Sammlung. Ich benutze dafür If, wo ich sogenannte ›Rezepte‹ erstellen kann, die zum Beispiel meine Profilbilder auf Twitter und Facebook automatisch updaten, wenn ich ein neues Nutzerbild auf Instagram hochlade. So spare ich mir die Arbeit, in allen Accounts mein Bild manuell zu ändern, und muss trotzdem nicht mit veralteten Profilfotos leben. Ja, so einfach kann das gehen!

Back to the basics! Aber ... ist Bloggen eigentlich noch cool?

Mein Onkel Thorsten geht gern wandern und schießt dabei mit seiner Spiegelreflexkamera Bilder von der Natur. Wolkenverhangene Gipfel, grüne Täler, sprudelnde Bergbäche – Idylle pur. Womit er nicht so viel anfangen kann, sind Computer. Zumindest bis kürzlich! Denn da hat mein Onkel doch tatsächlich die Vorteile des Internets für sich entdeckt. Besser spät als nie, sag ich da nur.

»Du, Robert, schau mal«, rief er mich zu sich ins Arbeitszimmer, als meine Eltern und ich ihm das letzte Mal einen Besuch abstatteten. »Ich bin jetzt auch online.«

»Okay ...« Ich setzte mich mäßig begeistert neben ihn, denn wenn Erwachsene schon so anfangen und dabei einen Tonfall anschlagen, der uns auffordert, bitte mächtig beeindruckt zu sein, dann wird's meist peinlich – wie bei Tante Edith neulich, als sie mich fragte, ob ich

Facebook kenne. Wenn ihr uns beeindrucken wollt, dann eröffnet einen Channel auf YouTube oder einen Account bei Instagram oder sonst wo, auf dem ihr mehr Follower habt als wir.

Das alles behielt ich natürlich für mich, denn Onkel Thorsten ist wirklich nett und kann ja auch nichts dafür, dass er vierzig Jahre früher geboren ist als ich. Nun öffnete er seinen Browser, tippte seinen Namen in die Adressleiste und öffnete eine Website mit grauem Hintergrund, auf dem einige Fotos von Landschaften zu sehen waren. Das Design der Seite erinnerte mich an das Internet, wie es vor zehn Jahren einmal aussah, aber auch das kommentierte ich nicht.

»Ich veröffentliche meine Fotos jetzt auf meinem eigenen Blog. Da kann ich nach jeder Wanderung einen neuen Beitrag erstellen, und die Seite wird dann automatisch upgedatet. Ich dachte immer, das Internet wäre viel komplizierter ... Wusstest du, dass es das gibt?«

»Was – Blogs? Klaro.«

»Hm.« Er nickte und scrollte nach unten. »Hier, das ist mein Besucherzähler! Schon 86 Leute waren auf meiner Seite«, sagte er stolz.

Ich hob anerkennend den rechten Daumen und schielte in Richtung Tür. Onkel Thorsten ist schwer zu stoppen, wenn er mal mit seinen Fotos angefangen hat. Und jetzt, wo das alles auch noch online war ...

»Hast du denn auch einen Blog?«, wollte er wissen.

Ich lachte. »Puh, nee.«

»Aber ich dachte, in deinem Alter ist man so viel im Internet unterwegs ...«

»Ja, das schon. Aber nicht auf Blogs. Die sind ein bisschen von gestern.«

»Oh.« Onkel Thorsten schaute zerknirscht. »Aber du kannst ja trotzdem ab und zu bei mir vorbeischauen und dir die Bilder angucken. Und vielleicht mal einen Kommentar schreiben?«

»Mach ich«, versprach ich. »Ganz bestimmt ...«

Schande über mich – bis heute habe ich nicht mal ein winziges ›Cooles Bild, Onkel Thorsten!‹ auf seiner Seite hinterlassen. Irgendwie ... kam ich wohl nicht dazu, sorry!

Mit einem hat mein Onkel aber doch recht: Wenn es um das Erstellen und Teilen von Content und das Ausleben kreativer Ideen im Internet geht, dürfen Blogs auf keinen Fall unerwähnt bleiben. Immerhin sind sie so was wie die Großeltern von Instagram und Co und waren bis vor ein paar Jahren noch *der* Onlinetrend überhaupt.

Mittlerweile bloggt einfach jeder (ab einem gewissen Alter jedenfalls ...): Jede offizielle Nachrichtenseite verfügt über einen Blog, Fachzeitschriften, Medizinmagazine und, und, und. Der bekannteste deutsche Blog ist wohl der *Postillon*, eine Satireseite, die es mit den veröffentlichten News nicht ganz so ernst nimmt. Auf Facebook allein hat der *Postillon* mehr als zwei Millionen Likes, und die geposteten Artikel werden oft mehrere Tausend Mal geteilt.

Damit sind Blogs eine andere Form von offizieller Homepage, und professionelle Teams kümmern sich darum, dass die ganze Sache lockerer rüberkommt als die eigentlichen Newssites. Dabei ging es beim Bloggen eigentlich mal um was anderes. Das Wort ›Blog‹ (Abkürzung für ›Weblog‹) verrät es ja schon – ursprünglich war ein Blog nichts anderes als ein im Internet geführtes, öffentliches Tagebuch. Als man noch von YouTube, Instagram und Snapchat nur träumen konnte, waren Blogs *das* Mittel der Wahl, wenn man sich kreativ austoben wollte. Und es zeigte, dass man auch als ganz normaler Mensch allein durch seine Onlineaktivitäten eine beachtliche Reichweite zustande bringen kann. Diese Möglichkeit hatte Onkel Thorsten jetzt – Jahre später – für sich entdeckt.

Anfangs und in den Hochzeiten bloggten vor allem massenhaft Teenager, für die es eine krasse Erfahrung gewesen sein muss, dass sie plötzlich einfach ihre Meinung veröffentlichen oder sich selbst präsentieren konnten, wie sie das wollten. Und dass es auch noch (fremde) Leute gab, die sich dafür interessierten. Wenn man bedenkt, dass seither erst wenige Jahre vergangen sind, ist es ganz schön beeindruckend, wie viel sich seitdem verändert hat.

Die Basics sind aber gleich geblieben: Heute wie früher gibt's auch beim Blog die obligatorische Startseite mit Header und den neuesten Artikeln. Ältere Beiträge findet man meist nach Kategorien sortiert auf verschiedenen Unterseiten. Daneben ist noch eine About-me-Seite praktisch, auf der man etwas über den Blogger selbst erfährt, und eine Liste mit

Links, die der Besitzer der Seite interessant findet. Alles gar nicht so schwer und für Leute, die wenig Erfahrung mit dem Internet haben, ja vielleicht ein guter Einstieg?

Wie funktioniert Bloggen überhaupt?

Zum Bloggen muss man im Grunde überhaupt keine oder zumindest nicht viel Ahnung von Webdesign und Programmiersprachen haben. Mithilfe von Blogging-Diensten geht das nämlich ganz einfach: Per Baukastenprinzip erstellt man sich ein Profil, gibt seinem Blog einen Namen, wählt eins der vorgefertigten Layouts aus und los geht's!

Die bekanntesten Anbieter für solche fertigen Grundsysteme sind Blogger (gehört zu Google) und WordPress. Bei beiden Diensten kann man ohne viel Fachwissen sofort loslegen. Je nachdem, welche der beiden Plattformen man wählt, lautet die Adresse zum eigenen Blog dann meinblog.blogspot.de oder meinblog.wordpress.com.

Will man einen neuen Beitrag veröffentlichen, schreibt man einfach direkt online in ein Formular hinein (so wie in ein Worddokument) und wählt zwischen vorgefertigten Designs.

Wer das Bloggen etwas professioneller aufziehen möchte, kann sich eine eigene Domain kaufen (also schlicht meinblog.de) und dort eine Blog-Software installieren - auch hier ist WordPress Vorreiter -, doch dafür sollte man schon etwas Ahnung haben.

Anfänger nehmen also lieber den fertigen Baukasten - wenn der Blog gut läuft, kann man sich ja immer noch intensiver mit der Software beschäftigen und auf den eigenen Webspace umziehen. Bis dahin: Viel Spaß beim Bloggen!

Blogs werden ja aber nicht nur geschrieben, sondern auch gelesen. Was macht man nun, wenn man sich für mehrere Blogger interessiert, aber nicht jeden Tag alle Seiten aufrufen möchte, auf denen sich vielleicht etwas Spannendes getan hat (immerhin ist man ja auch auf Snapchat und Twitter und YouTube beschäftigt ...)? Gibt's da nicht vielleicht 'ne App? Klar doch!

Darf ich euch die sogenannten Feedreader vorstellen? Die kann man mit dem Computer oder dem Smartphone benutzen. Sie abonnieren alle gewünschten Blogs und stellen jeweils die neuesten Posts in einem einzigen Feed zusammen. Natürlich kann man nach Belieben sortieren, sodass man immer nur die Beiträge zu sehen bekommt, deren Thema einen gerade interessiert. Super praktisch und zeitsparend (weil ihr doch immer Angst habt, dass wir unsere Zeit vertrödeln: im Gegenteil! Dadurch, dass wir bei jedem neuen Trend unbedingt mitmachen müssen, sind wir darauf angewiesen, Abläufe zu optimieren. Was meint ihr, wie das trainiert!).

Wie alle Apps ›lernen‹ auch Feedreader dazu und machen Empfehlungen anhand der abonnierten Blogs, sodass man immer wieder auf neue coole Blogger stößt, ohne dass man selbst danach suchen muss.

Allerdings muss ich gestehen, dass meinesgleichen, wenn überhaupt, dann nur sehr selten Blogs liest. Der Grund dafür ist nicht, dass uns die Themen nicht interessieren, sondern dass YouTube und Instagram uns die gleichen Informationen in kompakterer Form liefern.

Warum einen langen Blogbeitrag lesen, wenn man sich stattdessen ein kurzes Video anschauen oder durch seinen Instagram-Stream scrollen kann? Einen ausführlichen Blogpost liest man nicht einfach mal so im Bus auf dem Weg zur Schule, ein fünfminütiges Video dagegen ist dafür perfekt. Auch werden Blogs dadurch, dass das Schreiben eines Posts viel mehr Arbeit bedeutet als ein schneller Snap, nicht so oft upgedatet wie andere Social-Media-Plattformen mit kürzeren Inhalten. Damit sind Blogs grundsätzlich weiter weg vom Zeitgeschehen und können nicht mit dem Tempo mithalten, an das wir Teenager uns beim Konsum von Inhalten gewöhnt haben.

Ein ewiger Streitpunkt zwischen mir und meinem Vater übrigens. Wie so oft fragte er mich neulich mal wieder, als ich mit meinem Smartphone im Wohnzimmer rumlümmelte und das Neueste vom Neuem abcheckte: »Was treibst du denn da schon wieder mit deinem Handy? Es kann doch nicht jede Minute irgendwas passieren, das deine Aufmerksamkeit so unbedingt erfordert.«

Ich stöhnte. *Diese* alte Leier ...

»Doch, Papa. Überleg doch mal, wie viele Menschen weltweit das Internet benutzen und wie viele davon gleichzeitig online sind«, spulte ich routiniert ab. »Wenn nur die Hälfte davon regelmäßig etwas posten würde, wären das pro Stunde schon mehr Beiträge, als du jemals lesen könntest. Das ist, als würdest du sagen, es kann doch nicht jeden Tag irgendwas in Hamburg los sein.«

»Du weißt genau, wie ich das meine!« Er schüttelte missbilligend den Kopf. »Nicht alles, was irgendjemand ins Internet stellt, ist es auch wert, gelesen zu werden.«

Ich verzichtete darauf, meinem Vater zu erklären, dass die wenigsten Inhalte, die wir Jugendlichen so konsumieren, zum Lesen sind ... Stattdessen fragte ich: »Ach, aber deine Autozeitschrift ist es, oder was?«

»Das ist etwas ganz anderes!«

»Wieso? Weil es bedrucktes Papier ist?«

»Nein, weil es sich um fundierte Artikel handelt, die redaktionell aufbereitet wurden. Was da im Internet so gepostet wird, ist doch nur Meinung oder Blödsinn.«

»Vieles schon«, räumte ich ein. »Aber erstens: Dessen bin ich mir bewusst. Zweitens: Meinungen schieben Diskussionen an. Und drittens: Wo steht geschrieben, dass sich ein Teenager nicht auch mal mit Blödsinn beschäftigen darf? Hallo, ich bin sechzehn! Was hast du denn in meinem Alter gelesen. *Bravo?*«

»Nein.« Mein Vater grummelte. »Durfte ich nicht. Meine Eltern hielten die für ... Schund.«

Ich lachte laut auf.

»Okay, du hast gewonnen.« Mein Vater zog ein versöhnliches Gesicht, bevor er hinterherschoss: »Aber das mit den seriösen Inhalten stimmt – die Inhalte im Internet sind viel zu kurzlebig, um sonderlich fundiert zu sein. Und was kriegst du schon an Hintergrundwissen mit, wenn du immer nur Schlagzeilen liest und Clips anschaust, die keine fünf Minuten dauern?«

Ich zuckte mit den Achseln. »Nicht so viel, stimmt schon. Aber wenn mich was wirklich interessiert, suche ich mir den Content schon zusammen. Auf YouTube habe ich mehr gelernt als von der ollen *Tagesschau*. Echt mal, so 'n Typ im Anzug, der 'nen drögen Text abliest – das ist so was von oldschool! Ist doch toll, dass es im Internet Formate gibt, die uns Teenager ansprechen. Die Kindernachrichten *Logo* fandest du damals doch auch gut – vom Prinzip das Gleiche: Da hat jemand ein neues Format gewählt, um denselben Inhalt an eine andere Zielgruppe zu verkaufen.«

Mein Vater warf mir einen prüfenden Blick zu und schwieg eine ganze Weile. Gerade als ich ein genervtes »Was?!« schnauben wollte, sagte er: »Gut, ich gebe zu, dass deine Argumente nicht schlecht sind. Also schön, dann mach mal weiter.« Er stand auf und ging, drehte sich an der Tür jedoch noch mal um: »Ab und an mal in die Zeitung zu schauen, schadet aber trotzdem nicht.«

»Yip.«

Warum nicht gleich so? Ich hob die Hand für ein »Danke, Alter«, während mein Blick schon wieder auf dem Display klebte ...

(5)

MEIN INTERNETSÜCHTIGES KIND UND ICH – SECHS ULTIMATIVE ÜBERLEBENSTIPPS FÜR GENERVTE ELTERN

Ich gebe zu, Eltern haben es nicht immer leicht mit uns Teenies. Dass es Probleme bei der Verständigung zwischen den Generationen, besonders zwischen Eltern und ihren Kindern gibt, ist nichts Neues – dass wir quasi den ganzen Tag vor unserem Smartphone kleben, macht es jedoch auch nicht unbedingt einfacher. Das Handy wegzulegen und unseren Eltern einfach mal zuzuhören, wäre natürlich eine Option. Allerdings ist dieses Buch für Erwachsene, nicht für uns Jugendliche, deshalb spare ich mir den Aufruf hier. Stattdessen liegt es an euch, liebe Eltern, eure Worte im Alltag so zu wählen, dass sie selbst bei eurem in das neueste YouTube-Video vertieften Nachwuchs ankommen.

Wie das?

Hier sechs Tipps für den gelungenen Umgang mit der Generation Snapchat! Natürlich ohne Gewähr – denn wir wissen ja alle, wie unberechenbar Teenager sind.

1. **Verbote sind von gestern – und auch da haben sie schon nichts gebracht.** Dass Eltern das aber auch noch immer nicht kapiert haben ... Internet-, Computer- oder Smartphone-Verbot sind definitiv das Dümmste, was ihr machen könnt – und noch dazu so unglaublich unkreativ! Wer einem rebellischen Teenager etwas verbietet, kann erstens davon ausgehen, dass er es jetzt mit Sicherheit erst recht macht. Wir mögen zwar wie willenlose Smartphone-Zombies wirken, aber das mit der Rebellion bekommen wir im Ernstfall doch noch ganz gut hin. Zweitens werdet ihr bei eurem Sprössling nach so einer Aktion erst recht auf taube Ohren stoßen, denn wahrscheinlich hat er sich schon längst in seinem Zimmer verkrochen, wo er sein altes Ersatzhandy aus der Schreibtischschublade kramt und euch hinter eurem Rücken wegen eurer Naivität ordentlich auslacht – und seinen Frust umgehend mit seinen Freunden teilt.

2. **Nicht den Kopf verlieren!** Aus lauter Frustration den WLAN-Stecker ziehen, das Handy gegen die Wand pfeffern oder den Laptop im Gefrierfach verstecken – liebe Eltern, bitte übt euch mal ein bisschen in Selbstkontrolle! Das können wir Teenager so ja überhaupt nicht ernst nehmen ... Seid ihr wütend, weil euer Kind auf Durchzug stellt und um drei Uhr morgens immer noch vor dem Computer sitzt, atmet einfach ein paarmal tief ein und aus und denkt daran, dass alles noch viel schlimmer kommen

könnte. Zum Beispiel wenn der Nachwuchs die ganze Nacht panisch durch die Wohnung rennen würde, weil sein neues Tablet verschwunden ist, oder ihr zur Wiedergutmachung eures schlechten Gewissens bei Mediamarkt einen Tausender für das neueste iPhone hinlegen müsstet. Probiert es stattdessen einfach mal mit Yoga oder Progressiver Muskelentspannung, das soll in Stresssituationen helfen – Anleitungen dazu findet ihr übrigens auf YouTube.

3. **Nachfragen führt euch eher zum Erfolg als befehlen.** Mögen wir es nicht alle, wenn sich jemand ernsthaft dafür interessiert, was wir den lieben langen Tag so treiben? Auch euer Teenager zu Hause tickt da nicht anders, und wenn ihr euch nicht allzu dämlich anstellt, dann schafft ihr es durch gezieltes Nachfragen vielleicht sogar, ihn in ein Gespräch zu verwickeln, das länger als zwei Sätze dauert. Im besten Fall ist das Interesse natürlich echt und nicht nur geheuchelt – denn dafür haben wir Teenies einen siebten Sinn. Habt ihr erst mal eine gemeinsame Gesprächsebene gefunden und – oh Wunder! – die sonst tauben Ohren eures Nachwuchses auf Empfang umgeschaltet, ist vielleicht der richtige Moment gekommen, um auch – ganz subtil, versteht sich – andere Themen anzusprechen: zum Beispiel die Fünf in Mathe auf dem Zwischenzeugnis oder das Chaos im Kinderzimmer, das mittlerweile auch schon nicht mehr ganz so gut riecht. Vielleicht habt ihr durch eure Offenheit von gerade eben ja

Pluspunkte gesammelt und euer Kind schaltet nicht sofort wieder auf Durchzug ...

4. Wenn der Teenager nicht zuhört, dann seid ihr vielleicht auf dem falschen Channel unterwegs. Fragt ihr euch manchmal, ob ihr euch im Zuge einer mysteriösen Krankheit einfach in Luft aufgelöst habt, weil euer Sprössling permanent durch euch hindurchschaut und auf keine Wortmeldung reagiert? Keine Angst! Dieses Phänomen ist vielen Eltern bekannt. Ihr seid nicht unsichtbar geworden, sondern bewegt euch einfach in einer anderen Sphäre als euer Kind. Das passiert schon mal, Grund ist der Altersunterschied. Wollt ihr euren Nachwuchs dennoch gern erreichen, könnt ihr entweder ein paar Jahre warten, bis die Pubertät vorbei ist und sich das Problem von selbst erledigt hat, oder ihr greift auf ein Kommunikationsmittel zurück, das bei der jungen Generation auf jeden Fall ankommt. Statt mündlicher Mitteilungen könntet ihr es zum Beispiel mit einer WhatsApp-Nachricht versuchen. Bringt das nicht das gewünschte Ergebnis, probiert gern auch mal was ganz Neues: ein eigener Instagram-Account, bei dem ihr den tauben Sohnemann in euren Beiträgen markiert? YouTube-Videos für die desinteressierte Tochter? Sicher ist eins: Spätestens wenn ihr den ersten Snap vorbeischickt, werdet ihr eurem Kind so peinlich sein, dass es sich im echten Leben auf einen Dialog einlässt – allein, um Schadensbegrenzung zu betreiben.

5. **Schlagt sie mit den eigenen Waffen!** Ihr wollt, dass euer Sprössling die Spülmaschine ausräumt, aber der ist wieder mal viel zu sehr in sein Handy-Spiel vertieft? Und eure Tochter schaut lieber das zehnte Make-up-Tutorial auf YouTube, anstatt endlich mal mit ihrem kleinen Bruder zu spielen? Kein Problem, was die können, könnt ihr schon lange! Das nächste Mal, wenn euer Kind etwas von euch will, seid ihr einfach auch zu beschäftigt mit eurem Smartphone oder Laptop und könnt in diesem Moment wirklich keine Aufmerksamkeit für irgendwelche läppischen Teenager-Problemchen entbehren. Der Sohn will zum Handballtraining gefahren werden? »Nee, das geht jetzt nicht, ich muss noch diesen Artikel hier auf *Zeit online* lesen.« Die Tochter kommt hungrig aus der Schule und fragt, warum das Mittagessen nicht auf dem Tisch steht? »Dafür hatte ich heute leider keine Zeit, ich hab den ganzen Vormittag lang *Candy Crush* gespielt.« Wenn ihr konsequent seid und das Spielchen lange genug durchzieht, wird es am Ende vielleicht euer Kind sein, das verzweifelt und völlig mit den Nerven am Ende ein ernstes Gespräch mit euch sucht, um über Handy- und Computer-Regeln für den gemeinsamen Alltag zu diskutieren. Das wäre doch mal was!

6. **Wenn nichts hilft: Startet einen Blog!** Oder – je nach Social-Media-Kenntnissen – einen eigenen YouTube-Kanal, Twitter- oder Instagram-Account. Ach was, am

besten alles gleichzeitig! Euer Thema: Das Leben mit einem unkontrollierbaren Teenager. Die Chancen stehen gut, dass es da draußen viele Eltern gibt, die sich mit euren Problemen identifizieren, und ihr schon bald eine gute Handvoll Follower habt. Sich mithilfe von Social Media produktiv mit eurem Ärger auseinanderzusetzen, wird euren Nachwuchs zwar nicht dazu bringen, sein Zimmer aufzuräumen oder Physik zu lernen, euch aber immerhin beim Verarbeiten eurer Frustanfälle helfen. Und wer weiß? Spätestens wenn euer Instagram-Account mehr Abonnenten hat als der eures Kindes und sich die ersten Unternehmen melden, um über mögliche Kooperationen zu sprechen, wird der Sohn oder die Tochter sich vielleicht gewillt zeigen, gewisse Kompromisse einzugehen, wenn es um das gemeinsame Zusammenleben geht. Einfach alles – Hauptsache, ihr lasst diesen Mist wieder bleiben und hört sofort auf, beliebter im Internet zu sein als er selbst!

6

SO VIELE INSPIRATIONEN, SO VIELE MUST-HAVES – VON DER BILDERWUT ZUM SHOPPINGWAHN

Wo ihr euch früher durch Zeitschriften geblättert habt, um in Sachen Mode und Co auf dem Laufenden zu bleiben, stöbern wir heute auf Pinterest. Und um die Wahnsinnsmasse an Bildern, die uns online fast erschlägt, unter Kontrolle zu bringen und den neuesten Hype in JPG-Form festzuhalten, brauchen wir Teenager was? Genau, eine App! Ohne kleine Helferlein wie Pinterest, Tumblr oder We Heart It hätten wir längst zwischen all den Bildern den Überblick verloren. Denn: Es gibt nichts, was es online nicht gibt. Von coolen Haarschnitten, die man beim nächsten Friseurbesuch dem Hairstylisten vorlegen will, über alle erdenklichen Sneaker-Modelle der Turnschuhgeschichte bis hin zu der detaillierten Anleitung, wie sich der Klamottenstyle des Lieblingsstars auch mit Ebbe im Portemonnaie kopieren lässt – wenn das Internet eins kann, dann uns mit seinem unendlichen Angebot an Inspirationen auf neue Ideen bringen und, ja, uns in Versuchung führen.

Der nächste Schritt ist da nur logisch: Man will seine virtuelle Sammlung auch im echten Leben bestaunen – einen Teil davon zumindest. Zum Glück ist ja das Internet aber nicht nur Katalog, sondern gleichzeitig auch Shop und liefert uns unser Wunschprodukt direkt nach Hause. Und wenn uns unser Traumstück doch nicht gefällt? Dann schicken wir es einfach wieder zurück, ohne uns lang in einer Schlange an der überfüllten Kasse drängeln zu müssen. Einkaufen 2.0!

»Das pinn ich mal!« – Wie wir mit Bookmarking-Diensten und Fotoblogs Ordnung in das Bilder-Chaos bringen

Vor ein paar Wochen habe ich in der Schule zufällig ein Gespräch von zwei meiner Klassenkameradinnen mitgehört. Sophie und Yasmin saßen eine Tischreihe vor mir, und beide waren über ihre Smartphones gebeugt. Natürlich.

»Schau mal, das!«, sagte Yasmin und hielt Sophie ihr Handy vors Gesicht.

»Oh, wow.«

»Und guck mal, das da.«

»Krass. Das pinn' ich mir auch mal.«

Ich stutzte. Pinnen? Was sollte das denn sein? Eine Internetfunktion, die ich nicht kannte? Never! Dann klingelte bei mir was – pinnen hatte ich doch schon mal gehört... Ah ja, klar, die beiden waren auf Pinterest unterwegs!

An dieser Stelle der Hinweis: Ich bin ganz offensichtlich ein Junge und wie schon erwähnt machen Jungs und Mädchen nicht zwangsläufig immer die gleichen Sachen im Internet. Größtenteils benutzen wir die gleichen Apps, und nur die Inhalte, die wir uns anschauen oder posten, sind unterschiedlich – es gibt aber tatsächlich auch Apps und Social-Media-Plattformen, die hauptsächlich für eins der beiden Geschlechter interessant sind und von denen der Rest dementsprechend eher weniger Ahnung hat. Eine dieser Plattformen ist eben Pinterest.

Bevor ich das Gespräch von Sophie und Yasmin mitkriegte, hatte ich zwar schon mal davon gehört, es allerdings noch nie selbst benutzt.

Pinterest (Abkürzung für ›Pin your interest‹) ist quasi eine riesige Pinnwand, auf der man in erster Linie Bilder, aber auch Links sammeln kann, die man interessant findet. Die beliebtesten Kategorien auf der Seite sind ›Essen & Trinken‹, ›DIY & Handwerk‹, ›Wohndekor‹ und ›Feiertage und Events‹ – alles Gebiete, auf denen ich mich nicht so heimisch fühle.

Auf Pinterest hat man mehrere Möglichkeiten, Fundstücke anzusammeln: Entweder man lädt selbst Bilder oder andere Inhalte hoch, oder man bedient sich an dem schier endlosen Content, der im Internet bereits vorhanden ist. Grafiken, die online verfügbar sind, kann man pinnen, indem man den extra dafür von Pinterest angebotenen Button in seinem Browser installiert. Der Vorgang dauert keine zehn Sekunden, und schon kann man nach Lust und

Laune anheften. Damit's kein großes Durcheinander gibt, kann man sich beliebig viele Pinnwände zu allen möglichen Themen anlegen. Womit wir übrigens mal wieder etwas hätten, bei dem das Internet uns planlosen Teenagern behilflich ist: beim Anlegen von Ordnungssystemen, beim Kategorisieren und überhaupt beim Sortieren von Inhalten. Denn wir müssen ja ständig entscheiden, wo wir was mitteilen, was wir wo lesen möchten, mit wem wir was teilen. Hält man sich da nicht an ein paar Prinzipien, verliert man schnell den Durchblick. Und dann macht's echt keinen Spaß mehr!

Bei Pinterest ist das Gute am Speichern von Bildern, dass der Link zur Originalquelle immer mit abgelegt wird, sodass es im Grunde nichts weiter als eine Linksammlung in optischer Form ist. Konkret: Finde ich irgendwo ein Keksrezept, das ich einmal selbst ausprobieren will, lege ich einfach das Bild der fertigen Plätzchen auf Pinterest ab und der Link zur Anleitung wird mit abgespeichert. So muss ich mir weder merken, wie die Plätzchen heißen, noch, wo ich das Rezept gefunden habe. Würde ich mir nur das Bild runterladen, wüsste ich immer noch nicht, wie viele Eier und so weiter ich bräuchte und müsste das später noch einmal raussuchen.

Zugegeben, wir Jugendlichen backen eher keine Plätzchen, das war sozusagen ein Beispiel für euren Alltag. Wir pinnen da eher Dinge, die wir cool finden, zu einem virtuellen Wunschzettel zusammen oder im Falle von Mädchen vielleicht auch eine Auswahl an Make-up- und

Stylevorlagen für die nächste Party. Gefällt das der Freundin, kann sie die Anleitung auf ihre Pinnwand übernehmen aka repinnen, wo es wiederum andere entdecken und ihrerseits bei sich anheften können. Cool dabei: Egal wie oft ein Bild repinnt wurde – der Originallink bleibt erhalten! Ist natürlich praktisch für Onlineshops, weil so jede potenzielle Kundin gleich den richtigen Pfad zum Traum-Oberteil hat und nur noch klicken muss, um es auch zu kaufen. Dazu aber später mehr.

Um den Freundinnen das Finden von guten Outfits zu erleichtern, kann natürlich auch bei Pinterest munter geteilt werden. Ist für die Mädels praktisch, weil sie sich dann ratzfatz absprechen können, wer was für die Party ausprobiert, und nicht alle im selben Style auflaufen. Ich glaub, für die wäre das so 'ne Art Supergau.

Auch folgen und abonnieren geht natürlich auf Pinterest, nur hat man hier den Vorteil, dass man sein Interesse auf eine einzelne Pinnwand beschränken kann und dann nicht alles mitkriegt, was der abonnierte User so sammelt. Kann ja sein, dass man den Klamottenstyle von Cindy gut findet, beim Anblick ihrer Kätzchenbilder-Sammlung aber das kalte Kotzen kriegt. Sorry, Cindy, war nur 'n Beispiel.

Und bevor ihr fragt: Klar kann man auch Pinterest-Pinnwände auf privat stellen, wenn man nicht möchte, dass jemand die gepinnten Bilder sieht – die Unterwäschefavoriten eurer Tochter kennt also nicht die ganze Klasse.

Obwohl Pinterest in erster Linie der Inspiration dienen soll (es finden sich wirklich unglaublich viele Bilder von stylishen Dingen, die man nachmachen/basteln/schminken/kochen etc. kann), tummeln sich mittlerweile (wie überall) auch sehr viele offizielle Marken auf dem Portal und fördern damit natürlich die Shoppinglust.

Doch auch hier braucht ihr nicht gleich Panik zu schieben: Pinterest ist unter uns Jugendlichen kein wirklich großes Ding. Dass die beliebtesten Kategorien ›Essen & Trinken‹ und ›Wohndekor‹ sind, lässt ja schon erahnen, dass die Plattform eher von eurer Generation genutzt wird als von uns. Denn mal ehrlich: Das Essen kocht schließlich ihr, und zu Weihnachten das Wohnzimmer zu schmücken, ist auch nicht so unser Ding. Tatsächlich habe ich bei meiner Recherche herausgefunden, dass der durchschnittliche Pinterest-Nutzer vierzig Jahre alt ist.

•

Ein großer Konkurrent von Pinterest ist We Heart It, denn wie wir von Social Media und Apps gewohnt sind, gibt es alles nicht nur einmal, sondern gleich in mehrfacher Ausführung, mit verschiedenem Fokus und leicht abgeänderten Funktionen. So pinnt man bei We Heart It nicht, was einem gefällt, sondern ›herzt‹ seine Fundstücke. Ansonsten ist es eine wilde Kombination aus Pinterest und Instagram: Man kann sich bei anderen Accounts bedienen und deren Bilder in der eigenen Galerie veröffentlichen (Pinterest), gleichzeitig aber auch selbst Fotos hochladen (Instagram). Dann gibt es wiederum verschiedene Kategorien, in die man seine Bildersammlung einteilen kann – willkommen zurück bei Pinterest! Ihr seht schon: So wirklich ›brauchen‹ tut man We Heart It nicht, trotzdem melden sich immer mehr User dort an. Vielleicht überholt die App Pinterest ja schon bald? Wer weiß das schon – Social Media ist eben manchmal unergründlich, selbst für mich als Teenager.

Für kreative Köpfe, Freaks und Ästheten: Tumblr, der Blog im Bildformat

Wer denkt, dass es mit Instagram, Pinterest und We Heart It ja eigentlich schon genug Social-Media-Plattformen gibt, um sich im Internet visuell auszutoben, der liegt falsch – denn ein ganz großer Player fehlt in diesem Trio noch. Die Rede ist von Tumblr, einem Blogging-Portal, mit dem man seinen eigenen Bilder-Blog erstellen kann. Genau genommen gibt es Tumblr sogar schon viel länger als die anderen drei Dienste – ganze zehn Jahre hat die Plattform bereits auf dem Buckel. Ist sie deshalb wichtiger oder beliebter für uns Teenager als Instagram, Pinterest und We Heart It? Eindeutig nein! Im Gegensatz zu den drei anderen Anbietern führt sie eher ein Nischendasein unter uns Jugendlichen, zumindest in Deutschland. Denn

Tumblr ist ... na ja, schon eher speziell – und zieht deshalb auch sehr spezielle Leute an.

Kürzlich scrollte ich nach der Schule im Bus durch meinen Instagram-Stream und blieb dabei an einem Bild hängen, das eine Klassenkameradin gepostet hatte. Das Foto war eindeutig nicht von ihr selbst aufgenommen worden, dazu sah es viel zu profimäßig aus. Man sah ein Schlafzimmer, die Wände komplett weiß, in der Mitte ein Bett mit ebenfalls weißen Bettbezügen, die irgendwie kunstvoll zerwühlt waren, daneben auf dem Dielenboden drei Topfpflanzen mit grünen Blättern. Außerdem zog sich durch das Bild ein Lichtstreifen, der aus dem Fenster des Raums kam und der ganzen Szene noch so ein romantisches Licht-Schatten-Spiel aufdrückte. Irgendwie ganz schön, aber ... warum genau hatte sie das gepostet? Ihr eigenes Zimmer war es ja offensichtlich nicht.

»Schau mal!« Ich streckte Paul mein Handy vor die Nase.

»Uh. Das Bild ist ja mal derbe Tumblr.«

»Ja, ne?« Wir grinsten – da hatten wir beide dasselbe gedacht.

Warum wir beide sofort an Tumblr denken mussten? Ganz einfach: Tumblr steht für eine gewisse Ästhetik, die so kein anderer Social-Media-Dienst hat. Wo Instagram durch seinen Retrofilter unverwechselbar geworden ist, sind für Tumblr qualitativ hochwertige Bilder in hellen Farben typisch, die so eine gewisse Verträumtheit ausstrahlen. Natürlich kann man das nicht verallgemeinern, und es gibt mit Sicherheit auch Tumblr-Blogs, die anders aussehen, aber die Tendenz ist schon da. Ruft man einen Tumblr-Blog auf, ist die Wahrscheinlichkeit zumindest ziemlich hoch, dass man sich in einer schnieken Bilderwelt wiederfindet, in der alles viel, viel besser aussieht, als es das in Wirklichkeit überhaupt jemals könnte – und in fünfzig Prozent der Fälle läuft auch noch kitschige Musik im Hintergrund.

Ihr seid auf einem Tumblr-Blog gelandet, wenn ...

... ihr einen riesigen Bilderteppich seht, auf dem ihr ewig nach unten scrollen könnt. Gut, das könnte dann auch Instagram sein, aber das Endlos-nach-unten-Scrollen hat Tumblr quasi erfunden! Lange bevor Instagram überhaupt gelauncht wurde, gab es bei Tumblr schon diese endlosen Bildteppiche, die sich jedes Mal, wenn man dachte, man hätte gleich das Ende der Seite erreicht, erweiterten. Wann ist man denn endlich durch?! Die Antwort: Niemals!

... da Bilder vom pinken Abendhimmel sind. Yip, das ist eins der typischen Tumblr-Motive. Licht im Allgemeinen, aber besonders Abendstimmungen in Lila, Pink und allen möglichen Rosatönen, am besten mit ein paar fluffigen Wolken dazwischen, ist so etwas, ohne das die Tumblr-Community nicht leben kann. Ist ja auch schön, aber es kann dann doch mal zu viel werden, wenn ihr mich fragt ...

... alles plötzlich voller Pärchen-Kitsch ist. Und mit ›Pärchen-Kitsch‹ meine ich nicht den Schnappschuss von zwei knutschenden

Teenagern, wie man ihn vielleicht auf Instagram mit einem coolen Filter drüber posten würde. Nein, bei Tumblr gibt es nur perfekt aussehende Pärchen mit gertenschlanken, durchtrainierten Körpern und wunderschönen Haaren, die sich in makellos weißer Bettwäsche rekeln. Gern auch in Schwarz-Weiß, und dann auf jeden Fall eine Nahaufnahme von einem total intimen Moment, bitte. Ja, wie im echten Leben halt - oder sieht das bei euch etwa nicht so aus?!

... sich die Bilder bewegen und auch noch Zitate drauf sind. Auch so eine Tumblr-Sache: Man postet gern GIFs, also bewegte Bilder, die irgendwelche coolen Szenen aus Filmen oder Serien abbilden und die eigene Stimmung repräsentieren sollen. Das passende Zitat aus dem Film oder der Serie steht meistens in weißer Blockschrift auf der Grafik - denn GIFs sind keine Videos und können daher nicht reden!

... alles plötzlich nur noch heimische Idylle ist. In diese Kategorie fällt das Bild, das ich oben beschrieben habe. Weiße Wände, Holzböden, flauschige Betten - am besten noch mit ein paar Kätzchen oder einem Traumpaar drin -, große Fenster, ein paar Pflanzen, Lichtspiele im Raum und allgemein nicht so viele Möbel: Tadaaa, das ist das perfekte Tumblr-Zimmer! Ich weiß auch nicht, warum so viele Tumblr-User so besessen von Wohnungen sind, die aussehen, als ob keiner darin wohnt ...

... zwischen den Bildern immer wieder ein paar extrem tiefgründige Zitate stehen. Die meisten Tumblr-Blogs bestehen zu 95 Prozent aus Bildern, aber der obligatorische emotionale Spruch zwischendurch darf nicht fehlen. Die Zitate stammen entweder aus Büchern, Filmen, irgendwelchen Quellen aus dem Internet oder einfach von den Machern des Blogs selbst. Ein Beispiel: »Es ist traurig, wenn dein Herz an einem Ort ist, an dem du nicht sein kannst.« Ja, schon.

... da nicht nur Fotos, sondern auch Illustrationen und Zeichnungen sind. Da es viele kreative Menschen zu Tumblr zieht, findet man dort meistens Kunst in allen Farben und Formen – am liebsten aber pastellig, damit es zum Rest des Blogs passt.

... wenn man den Besitzer des Blogs etwas fragen kann: Viele Tumblr-Blogs haben keine About-me-Seite, sondern nur eine Ask-Box, was die ganze Geschichte irgendwie geheimnisvoll macht. Die Fragen können auch anonym von Nicht-Tumblr-Usern gestellt werden; sie werden dann auf dem Blog direkt zwischen den Bildern beantwortet.

... plötzlich Musik aus eurem Computerlautsprecher kommt. Wie oben schon erwähnt, bietet Tumblr die Möglichkeit, Musik auf seinen Blog einzubinden, damit das gute Feeling nicht nur auf die Augen beschränkt ist, sondern sich auch die Ohren am richtigen Song erfreuen können. Meistens werden dabei, passend zum verträumten Inhalt der Blogs, ganz zart klingende Balladen gewählt.

Und fertig ist die Tumblr-Experience! Hier wurde natürlich nur der Klischee-Tumblr-Blog beschrieben, aber es ist ja nicht so, als würden Klischees grundlos existieren ...

Aber woher kommen eigentlich die ganzen Bilder, die sich da so wunderschön aneinanderreihen? Der durchschnittliche Tumblr-User lädt keine eigenen Fotos hoch (abgesehen von ein paar Künstlern und Fotografen vielleicht, die ihren Tumblr-Blog als virtuelle Galerie benutzen), sondern repostet sie nur – also das gleiche System wie bei Pinterest, nur dass Tumblr es zuerst hatte.

Anders als bei Instagram geht es bei Tumblr aber nicht darum, ein Bild von seinem Leben zu zeichnen, vielmehr basteln sich die User ihren eigenen idyllischen Ort zusammen – vergleichbar vielleicht mit einem Schrebergarten im richtigen Leben. Dazu gibt's bei Tumblr viele Freiheiten bei der Gestaltung, sodass man nicht an ein vorgefertigtes Layout gebunden ist.

Was viele außerdem reizt, ist die Tatsache, dass es anders als bei Instagram und Co keine inhaltlichen Beschränkungen für die Bilder gibt. Nacktheit, Gewalt und sogar pornografische Inhalte sind erlaubt, was dazu führt, dass manche Tumblr-Blogs echt freaky sind. Dadurch zieht die Plattform eher diejenigen an, denen die ›normalen‹ Social-Media-Dienste zu mainstreamig oder beschränkend sind. Ohne verallgemeinern zu wollen, würde ich Tumblr schon als einen Ort für Außenseiter und deprimierte Teenager bezeichnen, die sich mit ihrem Blog ihr eigenes virtuelles Reich schaffen, in dem sie ihre Interessen ausleben und sich in ihre eigene Welt zurückziehen können.

Bitte geratet jetzt nicht in Panik, denn die meisten Teenager meiden Tumblr, weil sie sehr wohl in der Lage sind, Inhalte zu filtern und sich nur das aus dem Internet ziehen, was ihnen nicht schadet. Der Großteil von uns – darunter auch ich! – ist mit Instagram voll und ganz zufrieden und versteht gar nicht, was auf Tumblr so abgeht. Muss man ja auch nicht!

Top 3, warum Bilderdienste pädagogisch wertvoll sind:

1. Die Masse an geposteten Bildern trainiert unser Auge, denn obwohl natürlich jeder etwas anderes gut oder schön findet, bildet sich doch meist eine Art Gemeinschaftsmeinung heraus, wenn in der Pause mal wieder über den neuesten Post auf Instagram diskutiert wird. Egal ob man Pauls Fratze/Cindys Oberteil nun lustig/hip oder peinlich findet - jeder sieht, ob das Foto gut gemacht ist oder nur mal eben dahingeknipst. Wir wissen, wie sehr ein Schatten auf dem Gesicht ein Porträt versauen kann, und vor allem die Mädels haben es echt gut drauf, sich selbst von der besten Seite zu knipsen. Sagt ehrlich - hattet ihr in unserem Alter schon so viel Ahnung vom Fotografieren und Inszenieren?

2. Wir wissen, dass der Schein trügt. Dadurch, dass wir alle selbst ständig an unseren Fotos herumbasteln, sie aufpimpen oder aus Spaß verändern, wissen wir, was alles möglich ist - und das nur mit unseren bescheidenen Mitteln. Uns ist hundertpro klar, was dann erst ein Profi mit der richtigen Software anstellen kann. Ihr glaubt, dass wir alles, was wir

irgendwo im Netz, auf Plakatwänden oder Bildschirmen sehen, für echt halten? Quatsch, denn sonst würden wir uns wundern, warum in unserer Klasse keine Topmodels sitzen, obwohl wir ständig Bilder von ihnen zu sehen kriegen (sorry, Mädels).

3. Das gilt für alle Apps und Plattformen: Wir lernen filtern, ordnen, systematisieren, annehmen, ablehnen, aussagekräftige Sammlungen zusammenzustellen, uns auf verschiedenste Weisen zu präsentieren, das von uns zu zeigen, was uns wichtig ist. Hattet ihr damals Angst vor eurem ersten Bewerbungsgespräch? Pah, das wuppen wir mit links, denn wir wissen, wie wir uns bestens aussehen lassen!

Konsumfalle Internet! Ist Onlineshopping schuld daran, dass wir Teenager immer pleite sind?

Wer viel Zeit im Internet verbringt – also alle Jugendlichen –, kriegt nicht nur Unmengen an schönen Bildern zu sehen, sondern meistens auch gleich den passenden Link zu einem Onlineshop dazu, wo man dann all die tollen Sachen, die man auf den Instagram- und Pinterest-Fotos entdeckt hat, bestellen kann. Kennt ihr noch einen Laden in der echten Welt, der seine Artikel nicht auch online anbietet? Eben! Die wären ja schön blöd, wenn sie sich die ganzen Kunden entgehen lassen würden, die mittlerweile übers Internet einkaufen. Das sind inzwischen nämlich tatsächlich mehr als die Hälfte aller Deutschen – also kaum ein Phänomen, dass man nur uns Teenagern in die Schuhe schieben kann, wie ich hier mal betonen will!

Die Vorteile vom Onlineshopping sind klar: Im Internet ist alles jederzeit verfügbar, und es braucht nur wenige Mausklicks, um das begehrte Teil ein paar Tage später im Briefkasten zu haben – ganz abgesehen davon, dass man weder an überfüllten Kassen warten noch ewig vor Umkleidekabinen abhängen muss, bis kichernde Mädchen ihre gefühlten fünfundsiebzig Teile anprobiert und sich gegenseitig darin fotografiert haben (by the way: Wie schafft ihr es eigentlich, euch zu fünft in diese engen Kästen zu quetschen und dann auch noch umzuziehen?).

Mittlerweile kann man keine Internetseite mehr aufrufen, ohne von Werbung für irgendwelche Produkte beballert zu werden. Und da unsere Vorlieben und Gewohnheiten von den gängigen Diensten ja stets beobachtet, aufgezeichnet und ausgewertet werden, kriegt man auch ständig Dinge zu sehen, die man potenziell sogar kaufen würde (ihr erinnert euch: Kinowerbung statt Waschmittelspots). Wie oft ist es mir schon passiert, dass ich mir bei Zalando ein paar Sneaker angeschaut habe und eine halbe Minute später, als ich die YouTube-Startseite aufgerufen habe, poppten genau die gleichen Schuhe plötzlich in einem Werbebanner an der Seite auf ... gruselig! Ein Phänomen, das übrigens auf

Facebook am krassesten ist. Da weiß man manchmal gar nicht mehr, was echte Meinung, redaktioneller Beitrag oder gekaufte Anzeige ist, die als normaler Post daherkommt (ein Grund mehr für uns, Facebook zu meiden – auf anderen Portalen ist Werbung viel eindeutiger als solche zu erkennen).

Ist es da ein Wunder, dass man, selbst wenn gerade erst Weihnachten war und man eigentlich ziemlich gut ausgestattet ist und nun wirklich nicht schon wieder ein neues Smartphone braucht, trotzdem manchmal denkt, wenn die Anzeige vom neuesten Android-Phone aufpoppt (gut, von mir aus auch iPhone, Ricci!): Geil, wie heftig das wäre, wenn ich das alles haben könnte … Das Angebot schafft ja bekanntermaßen die Nachfrage – und, oh Mann, im Internet ist das Angebot echt *riesig*. Da liegt die Frage schon nahe: Denken wir Teenager eigentlich noch an was anderes als an die ganzen Sachen, die wir uns als Nächstes bestellen wollen?

Die Antwort lautet – Überraschung! – ja. Ich sag's mal so: Damit, dass es im Internet einfach alles gibt, man aber gleichzeitig nicht unbegrenzt einkaufen kann, muss man heutzutage einfach klarkommen. Wir kennen es ja gar nicht anders. Klar kaufen wir Teenies viel und gern ein – Klamotten, Elektronikgeräte, allen möglichen Kram halt –, aber erstens habt ihr das früher genauso gemacht, und zweitens schwimmen wir ja nicht im Geld. Genauso wie die Generationen vor uns müssen auch wir uns gut überlegen, für was wir unser Taschengeld ausgeben wollen.

Insofern müssen wir uns eine ganz andere Standhaftigkeit zulegen als ihr, wenn man bedenkt, welchen Angeboten wir tagtäglich widerstehen müssen im Gegensatz zu dem, was es in eurer Kindheit zu kaufen gab.

Wo wir die Produkte, auf die wir ein Auge geworfen haben, dann kaufen, ist noch mal eine ganz andere Frage. Denn tatsächlich passiert nicht das gesamte Shopping, das wir Jugendlichen betreiben, im Internet, obwohl sich sonst fast unser ganzes Leben online abspielt. Unter 18 Jahren ist man einfach nur begrenzt geschäftsfähig, was bedeutet, dass wir gar nicht in allen Onlineshops bestellen dürfen. Klar gibt's da Mittel und Wege, wie man trotzdem an seinen virtuellen Warenkorb kommt, aber weil das alles eine ziemlich schwammige Angelegenheit ist und es nix bringt, wenn ihr zurückschickt, was wir bestellt haben, frage zumindest ich jedes Mal meine Mutter, bevor ich etwas im Internet einkaufe – und die meisten meiner Freunde machen das genauso. Außerdem gibt's immer noch Sachen, für die man auch heute noch lieber in den Laden geht.

Als ich mir kürzlich ein neues Tablet kaufen wollte, waren meine Mutter und ich im Saturn, um die verschiedenen Modelle auszuchecken, die sie dort hatten. Wir streiften durch die Regalreihe, verglichen die Produktbeschreibungen, nahmen die Geräte in die Hand und testeten sie aus, so wie man das eben macht, wenn man sich etwas Neues anschaffen will. Nach zwanzig Minuten hatte es mir ein Exemplar besonders angetan.

»Ich glaube, das wird es«, sagte ich und nickte entschlossen.

»Na, super«, meinte meine Mutter und bückte sich. Auf den Knien hockend, fing sie an, lautstark zwischen den Kartons herumzukramen, die sich in dem Regal unter den ausgestellten Geräten stapelten.

»Äh, Mama, was machst du?«, fragte ich.

Meine Mutter hatte mittlerweile einen Karton in der Hand und schaute mich fragend an. »Na, ich hole das Tablet, damit wir zur Kasse gehen können.«

»Mama! Das kaufen wir doch nicht hier!«, erklärte ich leicht genervt. Hatte sie in den letzten Jahren denn tatsächlich nichts gelernt?

»Wieso denn nicht?«

»Na, vielleicht gibt es ja doch ein anderes, das besser ist.«

»Aber wir haben uns doch alle angeschaut, und du hast gesagt ...«

»Nicht hier – *im Internet* natürlich«, unterbrach ich sie. »Hier ist das doch außerdem alles viel zu teuer ...«

Meine Mutter stellte den Karton zurück und zuckte mit den Schultern. »Du weißt schon, dass sich echte Läden auf Dauer nicht halten können, wenn das alle so machen?«, sagte sie, als wir den Elektromarkt ganz ohne Einkäufe wieder verließen. »Das Anfassen und Herumprobieren hat seinen Preis.«

»Klar.« Ich zuckte mit den Schultern. »Ich glaube trotzdem nicht, dass Saturn deshalb pleitegeht.«

»Saturn nicht, aber die kleinen Läden schon«, beharrte meine Mutter.

»Das passiert doch schon längst.« Ich wollte mir jetzt echt kein schlechtes Gewissen aufschwatzen lassen – hey, ich bin Taschengeldbezieher, sollen doch diejenigen die Welt retten, die Kohle haben! »Tante Emma hat auch niemand hinterhergeweint, als der böse Supermarkt sie umgebracht hat. Wieso soll ich jetzt bitte Rücksicht auf so 'n Eckladen nehmen, der gerade mal drei Teile zur Auswahl hat? Entweder man spezialisiert sich total krass und bietet was, das es eben nicht online gibt, oder man stirbt. Survival of the fittest, Mama, uraltes Prinzip.«

»Wenn du meinst ...« Die elterliche Version von »Irgendwas an deiner Argumentation klingt überzeugend, aber mir fehlt gerade die Geduld, mich näher damit zu befassen und nachher eventuell mein Weltbild überdenken zu müssen ...« Everything changes, Mama!

Übrigens wurde es später dann doch das Tablet, das ich mir bei Saturn ausgeguckt hatte – es hätte aber auch ganz anders kommen können. In meinem Alter geht niemand mehr einfach so in den Elektromarkt und kauft das erstbeste Teil, das ihm gefällt. Erst mal kann man sich sicher sein, dass das Gerät im Store 'ne ganze Ecke teurer ist als im Internet (ja, man durfte es anfassen, Mama, kapiert. Gib mir mehr Taschengeld und ich kaufe das nächste Mal beim armen Saturn-Mann!). Dann kann man online einfach viel leichter Preise vergleichen, und außerdem gibt es Unmengen an Shops, die alle die gleichen

Produkte anbieten. Da ist die Chance eben verdammt groß, dass man das Wunschprodukt irgendwo für ein paar Euro billiger findet – der Preisunterschied mag nicht die Welt sein, aber wenn man sparen kann, wäre es ja dumm, das nicht zu machen, oder? Außerdem ist im Internet das Angebot viel größer als in den Shops, die es so in der Stadt gibt, denn die haben alle bloß den Standardkram.

Was auch noch echt hilfreich ist, sind Produktrezensionen von Leuten, die das Teil tatsächlich schon ausprobiert haben. Gerade Elektrogadgets wirken ja auf den ersten Blick oft ziemlich cool, aber nach ein paar Wochen stellt sich dann heraus, dass sie ganz schöne Bugs haben.

Erst wenn ich all diese Punkte gründlich recherchiert habe und mir ganz, ganz sicher bin, welches Teil ich haben will, bestelle ich es mir also. Vielleicht bin ich ein extremer Fall, aber ich kenne viele Leute in meinem Alter, die das ähnlich angehen. Uns von einem Verkäufer im Laden *irgend*ein neues Handy aufschwatzen lassen? Nee, so was würde meinen Eltern passieren, aber mir doch nicht.

Im Laden vorbeischauen tun wir trotzdem – denn ob man sich die Teile im Internet lediglich auf Fotos anschaut oder sie im echten Leben in der Hand hält, ist dann doch noch mal ein Unterschied. Fazit: Geschaut wird on- und offline, bestellt nur online!

Das gilt natürlich nicht für alles, was wir Teenager uns so anschaffen. Insbesondere wenn es um Klamotten geht, die ja auch verdammt wichtig sind in unserem

Leben, kaufen wir noch total viel in richtigen Läden. Sich zum Shoppen in der Stadt zu verabreden, ist keine Aktivität, die durch das riesige Angebot an Kleidung, das es im Internet gibt, überflüssig geworden ist – ganz im Gegenteil! Für mich gehört der Stadtbummel einfach dazu, wenn ich ein paar neue Schuhe oder eine neue Hose brauche. Ist ja auch immer irgendwie ein soziales Event, denn wer geht schon allein shoppen?! Und das Eis hinterher gibt's im Internet auch nicht.

Allerdings muss ich zugeben, dass manche von meinen Freunden schon öfter mal Kleidung im Internet bestellen, allen voran die Mädchen, die da wahrscheinlich mehr Wert auf das legen, was für mich in puncto Elektronikgeräte wichtig ist: das Angebot auschecken und vergleichen, wo man das Wunschteil am billigsten kriegt. Viele bestellen sich gleich einen ganzen Haufen Klamotten, von denen sie gar nicht alle brauchen und wahrscheinlich nicht mal bezahlen könnten – wie meine Schwester Ricci auch ab und zu. Oft werden da dann zum Beispiel Sachen in mehreren Größen bestellt, damit ganz sicher das Passende dabei ist. Und damit das Soziale nicht wegfällt, werden manchmal sogar die Freundinnen zum Unboxing eingeladen. Was nicht passt oder nicht gefällt, wird am nächsten Tag völlig unkompliziert wieder zurückgeschickt – Retourenschein und versandkostenfreie Rücksendung sei Dank! Das führt natürlich zu einem enormen Konkurrenzdruck, denn der Anbieter, der es wagt, seine Verpackungs- und Versandkosten seinen Kunden aufzuhalsen, ist ganz schnell weg vom Fenster. Aber soll ich deshalb Mitleid mit den armen Riesenunternehmen haben? Die sparen ja an anderer Stelle – zum Beispiel an den Mieten in den teuren Innenstädten.

Möglich machen dieses System Shops wie Asos und Zalando – bei uns Teenagern die favorisierten Onlineshops, wenn es um Mode geht. Auf beiden Websites findet sich einfach alles, von Schuhen über Winterjacken bis hin zu Bikinis, von verschiedenen Marken und selbstverständlich in allen Preisklassen. Zum Spaß habe ich gerade mal bei Zalando auf die Kategorie ›Pullover & Strickjacken‹ für Herren geklickt, und da gibt es – fuck ab, ey! – 7.399 Artikel! Bei den Damen sind es dann noch mal mehr: 9.495 Teile – also fast zehntausend Pullis und Cardigans, durch die man sich klicken kann. Das ist schon ganz schön absurd.

Aber man gewöhnt sich auch daran. Wenn ich in einem Kaufhaus bin und in meiner Größe nur fünf verschiedene Hosen finde, bin ich automatisch unzufrieden, weil ich denke, dass anderswo vielleicht ein noch hipperes Modell hängt. Früher hätte man wahrscheinlich einfach eine der fünf gekauft und fertig. Der Druck, das perfekte Teil zum besten Preis zu finden, ist schon ganz schön krass!

Was am Shoppen im Internet trotzdem auch ziemlich cool ist, ist das Secondhandangebot. Die Plattform, die bei diesem Stichwort wahrscheinlich jedem sofort einfällt, ist eBay. Für Kleidung gibt es aber auch andere Websites, die sich extra darauf spezialisiert haben. Die bekannteste davon ist wohl Kleiderkreisel, ein Portal, auf dem man innerhalb einer großen Community seine alten Klamotten und Accessoires verkaufen oder tauschen kann. Der große Trend ist es zwar (noch?) nicht, aber zumindest meine Schwester hat da schon einiges bestellt und eine Menge Geld gespart. Wenn man weiß, was man sucht, kann man richtige Schnäppchen machen – und davon sind wir Teenager ja sowieso große Fans.

Aber zurück zur Ausgangsfrage: Ist das Internet schuld daran, dass wir immer pleite sind? Ich glaube nicht. Onlineshops machen es zwar sehr leicht, für alles und jederzeit sein Geld auszugeben, aber wie ich schon erwähnte: Man muss es auch haben. Hätten wir mehr Geld, würden wir natürlich auch mehr ausgeben – umgekehrt gilt jedoch das Gleiche: Müssen wir mit weniger auskommen, entwickeln wir eben Strategien, wie uns auch das reicht (was nicht heißt, dass ihr uns das Taschengeld kürzen dürft!). Und war es nicht schon immer so, dass Shoppen auch eine Typfrage ist? Mal ehrlich, die chronisch Pleiten gab es genauso schon zu allen Zeiten wie die Sparsamen, die, die sich alles jederzeit leisten konnten, ebenso wie die, die nie etwas Neues hatten. In dieser Hinsicht sorgt das Internet da vielleicht sogar für mehr Gerechtigkeit – immerhin ist es heute viel leichter, Dinge günstig zu finden, als wenn man nur die Läden der Innenstadt zur Verfügung hat.

Also, liebe Eltern: Keine Sorge, obwohl uns das Internet mit genau auf uns zugeschnittener Werbung überflutet, geben wir nicht mehr Geld aus, als wir haben!

Inspiration online: der Shindy-Style

Das Internet bietet nicht nur tolle Möglichkeiten zum Shopping, auch *was* wir kaufen, bestimmt es zu einem großen Teil mit. Instagram, Pinterest, YouTube - Inspiration findet sich überall, und das nicht zu knapp.

Daneben gibt's aber natürlich auch noch die ›klassischen‹ Stars, also Promis, die nicht zuallererst durch das Internet bekannt geworden sind, an denen wir Teenager uns orientieren. Das war vor fünfzig Jahren schon so und ist heute nicht anders - nur macht es uns auch hier das Internet viel leichter, unseren Style-Vorbildern nachzueifern.

Das beste Beispiel dafür: Shindy! Ja, ich weiß, wahrscheinlich sagt euch der Name erst mal gar nichts. Shindy ist ein deutscher Rapper, den ziemlich viele Jugendliche ganz schön abfeiern. Und zwar nicht nur seine Musik, sondern auch seinen Style. Typisch für ihn: Cargohosen oder Jeans im Used-Look, dazu ein Oversize-Shirt oder -Pulli, die obligatorische Bomberjacke und Yeezy-Boost-Sneaker von Adidas. Fertig!

Was erst mal simpel klingt, ist online zu einer richtigen Wissenschaft geworden - denn wenn Shindy seinen Style ändert, muss man das natürlich mitkriegen und sich anpassen. Also gibt es unzählige Seiten, YouTube-Videos und Instagram-Accounts, die demonstrieren, wie man als Teenager mit kleinem Budget den originalen Shindy-Look kreieren kann. Zu den teuren Markenprodukten, die Shindy trägt, werden günstige Alternativen von H&M und Bershka vorgeschlagen, sodass kein 16-Jähriger ohne den perfekten Oversize-Pulli zur Schule kommen muss.

Klar gab es früher so was auch schon in kleinerer Form – vielleicht eine Sonderseite in der *Bravo*, oder man lief eben selbst durch die Läden und suchte nach Teilen, die dem Style des vergötterten Stars am nächsten kamen –, aber das Internet hat das Nachmachen von Style-Vorbildern noch mal auf ein ganz neues Level gehoben. Dadurch, dass es mehr Angebote gibt und man außerdem mehr mitkriegt, wächst der Druck, immer up to date zu sein, denn jeder weiß ja, dass es geht.

7

DAS BÖSE, BÖSE INTERNET – STREAMS, BALLERSPIELE, PORNOS UND CYBERMOBBING

CDs, DVDs, Blu-ray Discs – alles von gestern, seit es Onlinestreams gibt! Wir nutzen das Internet für unser ganz persönliches Entertainment-Programm und sparen so eine Menge Platz im Regal (und Plastikmüll – ist euch das eigentlich bewusst?). Denn eins ist ja mal klar: Ohne Musik, Filme, Serien und das eine oder andere Onlinegame geht für uns gar nichts. Und während wir fröhlich alle neuen Dienste zur kurzweiligen Unterhaltung probieren, verbringt ihr schlaflose Nächte. Denn wie war das denn noch mal mit den Onlinestreams? Kann euer Kind dafür ins Gefängnis gehen? Während ihr euch unruhig in euren Betten wälzt, drücken wir mitten in der Nacht noch mal die *Play*-Taste bei der neuesten Folge unserer Lieblingsserie, obwohl wir am nächsten Morgen eigentlich früh raus und in die Schule müssen.

Aber nicht nur die Vorstellung, dass wir im Internet zum Kleinkriminellen werden, zaubert euch Sorgenfalten auf die Stirn. Was macht es denn eigentlich mit uns, wenn wir 24 Stunden am Tag, sieben Tage die Woche in eine virtuelle Parallelwelt fliehen können, die so viel verlockender ist als der Schulalltag? Und wie war das noch mal mit dem Suchtpotenzial von Computerspielen? Da stand doch kürzlich was dazu in der Zeitung ... Hier tun sich tausend Fragen und Vorurteile auf – mit denen in diesem Kapitel ein für alle Mal aufgeräumt wird!

»Oh Gott, mein Kind schaut Onlinestreams! Ist es kriminell?«

Kürzlich kam meine Mutter in mein Zimmer, während ich im Bett vor meinem Tablet saß. An ihrem besorgten Gesichtsausdruck konnte ich gleich erkennen, dass irgendwas so gar nicht in Ordnung war.

»Du, Robert«, fing sie an, »was machst du da eigentlich die ganze Zeit mit deinem Tablet?«

»Ich schau 'ne Serie.«

»Mhm.« Sie nickte wissend und setzte sich auf die Bettkante. »Ich hab da erst gestern eine Reportage im Fernsehen gesehen ...«

In weiser Voraussicht drückte ich die *Pause*-Taste (RIESENvorteil gegenüber dem Fernseher – man verpasst nichts, wenn man unliebsam gestört wird!).

»... und da haben sie gesagt, dass alle Jugendlichen Onlinestreams benutzen. Machst du das auch?«

»Na klar, Mama.«

Sie machte große Augen. »In der Reportage meinten sie auch, dass das illegal ist und man da richtig hohe Geldstrafen zahlen muss, wenn man Pech hat. Also, tut mir leid, aber von jetzt an gibt es keine Serien im Internet mehr.«

Ich schaute sie an und versuchte ganz fest, nicht zu lachen. Mit mäßigem Erfolg.

»Das findest du auch noch lustig?« Oh, oh, jetzt wurde sie wütend. Zeit für die Aufklärung.

»Nee, Mama, das Ding ist nur, dass ich einen legalen Onlinestream auf Amazon Prime schaue. Dafür bekomme ich garantiert keine Geldstrafe – dafür bezahlt man nämlich. Ist so ähnlich wie Pay-TV.«

»Wie jetzt? Du bezahlst deine Serien?«

»Nee, nicht ich. Du! Amazon Prime – klingelt was? Du wolltest deine Amazon-Päckchen doch immer umsonst und innerhalb von einem Tag geliefert bekommen und hast Prime bestellt. Und mit genau demselben Dienst kriegt man auch Zugriff auf die Onlinestreams ...«

»Ach ... ach, okay.«

Damit war die Sache dann zum Glück auch schon gegessen. Ich sag's euch – Eltern ... Aber, schon klar, meistens meint ihr es ja nur gut. Auch wenn ihr dabei oft vergesst, dass wir Teenager gar nicht so leichtsinnig sind, wie ihr immer denkt. Denn größtenteils wählen wir zum Schauen von Filmen und Serien die Portale, die das Streamen von Inhalten gegen eine Gebühr legal anbieten.

Neben Amazon Prime gibt es da noch die ziemlich bekannte Plattform Netflix, auf die wir Jugendlichen am liebsten zurückgreifen. Andere Anbieter existieren zwar auch, aber die zwei genannten sind auf jeden Fall unsere Favorites.

Und mal ehrlich – euch nach einem langen Tag abends einfach irgendwo hinhauen und von 'ner guten Geschichte unterhalten lassen, das macht ihr doch genauso gern wie wir. Bloß dass wir vom Fernseher aufs Internet umgestiegen sind, weil es viel praktischer ist (Pause machen, wenn man will, und nicht, wenn Werbung kommt, schauen, wann man will, und nicht um zwanzig Uhr fünfzehn, und zu guter Letzt: Schauen, WAS man will, und nicht, was irgend so ein Medienfuzzi-Chef sich da für seine Quote eingekauft oder gar selbst produziert hat).

Das Gute an legalen Streaming-Diensten ist, dass sie unglaublich unkompliziert sind. Sowohl auf Amazon Prime als auch auf Netflix hat man eine Startseite, die einem die neuesten verfügbaren Filme auflistet. Genauso kann man in Kategorien wie ›Beliebteste Serien‹ und ›Beliebteste Filme‹ stöbern, um auf neue Empfehlungen zu stoßen, oder sich eine sogenannte ›Watchlist‹ anlegen, auf der man Filme und Serien speichert, die man interessant findet, aber erst später schauen will. Hat man sich irgendwann für irgendwas entschieden, klickt man einfach drauf und los geht's. »Scheiße, ich hab gestern die Folge von *XY* verpasst« kennen wir nicht, denn jede Folge einer verfügbaren Serie ist einfach jederzeit

... nun ja, verfügbar. Vorbei auch die Zeit, in der man bei einem Zweiteiler bis morgen oder sogar nächste Woche warten musste, um zu wissen, wie es weitergeht. Gebt zu, das hat euch manchmal wahnsinnig gemacht!

Übrigens, kleiner Tipp: Wenn ihr wollt, dass eure Kinder nachts nicht heimlich Serien oder Filme schauen – sprecht mit ihnen und trefft 'ne gute Vereinbarung, denn WLAN-Stecker-Ziehen hilft nicht! Amazon Prime und Netflix bieten nämlich eine zusätzliche Funktion an, die wirklich verdammt nützlich ist: Man kann Filme und Episoden nicht nur online streamen, sondern sie auch auf sein Gerät herunterladen und sie so später selbst ohne Internetzugang anschauen. Dabei ist der gestreamte Film so lange offline verfügbar, bis man ihn sich angeguckt hat, danach bleibt er noch für drei Tage auf dem Gerät gespeichert und wird dann automatisch gelöscht. Dieses Feature ist besonders praktisch für Zug- oder Autofahrten, wenn wir euch nicht ständig nerven sollen mit »Wann sind wir endlich da, Mann?« oder »Gibt's hier vielleicht bald mal was zu essen?«.

Was man allerdings dazu sagen muss: Weder bei Netflix noch bei Amazon Prime gibt es alles, was der Film- und Seriensektor zu bieten hat. Beide Dienste sind relativ gut aufgestellt und haben ein breites Angebot, aber insbesondere bei neuen Filmen dauert es schon mal zwei Jahre, bevor sie auf den Plattformen zu finden sind. Wenn man sich genau diese Neuerscheinungen anschauen will, ist also eher Kino angesagt – wie in den guten, alten Zeiten vor dem Internet eben. Und ja, Großleinwand ist schon geil!

Bei Serien ist es im Normalfall so, dass sie entweder nur bei Netflix oder Amazon Prime verfügbar sind, manches findet man aber auch auf beiden Portalen. Und dann gibt's noch die Serien, die von Netflix beziehungsweise Amazon Prime selbst produziert werden und die natürlich nur auf der eigenen Plattform gestreamt werden können. 2016 gab's 'ne große Plakatkampagne von Netflix, und sicherlich habt ihr mal eine Werbung für *Orange Is the New Black* oder *Narcos* an der Bushaltestelle hängen sehen.

Übrigens schauen wir Teenager zu Hause eher Serien als Filme, weil vor dem Computerbildschirm einfach kein richtiges Kinofeeling aufkommt. Außerdem sind bei Filmen immer gleich eineinhalb oder zwei Stunden vorbei, während man 'ne einzelne Episode einfach mal so zwischendurch gucken kann.

Was wir Teenager uns online anschauen, ist natürlich unterschiedlich, aber es gibt schon ein paar Highlights, die dann zum Hype werden. Zum Beispiel haben fast alle in meiner Schule *Prison Break* gesehen, eine Serie, die zwar schon ein paar Jahre alt, auf den Streaming-Diensten aber erst jetzt online ist, sodass sie von vielen Leuten neu entdeckt wurde – darunter meine gesamte Klasse und ich. Tatsächlich ist die Serie so gut, dass die meisten meiner Freunde in nur einer Woche die gesamte erste Staffel geschaut haben – also 24 Folgen à 45 Minuten. Das macht insgesamt ... na ja, ehrlich, das will ich gar nicht wissen. Auf jeden Fall ging für diese *Prison-Break*-Sucht ganz schön viel Zeit drauf, die wir alle mal lieber ins Lernen für die Mathearbeit am Ende der Woche investiert hätten. Es war dann irgendwie auch kein Wunder, dass es massenweise Vieren und Fünfen regnete und wir mit Abstand den miesesten Durchschnitt ever kassierten.

Auch ich kam aus der Sache nicht unbeschadet raus. Die Zeit, in der ich *Prison Break* geschaut habe, war super gewesen, der Moment, in dem ich meinen Eltern von meiner Vier in Mathe erzählen musste, weniger.

»Habt ihr eigentlich schon die Mathearbeit zurück?«, fragte meine Mutter beim Abendessen.

Ich schluckte. Ups. Im Kopf ging ich die Optionen durch: Nein sagen würde das Problem nur verschieben. Lügen – auch nicht gut, denn spätestens bei einem Blick auf mein Zeugnis würde sie den Ausrutscher eh rausfinden. Und dann hätte ich nicht nur eine schlechte Note in Mathe geschrieben, sondern auch noch gelogen. Suboptimal. Ich entschied mich für Möglichkeit drei: Frontalangriff.

»Ja«, sagte ich und versuchte dabei, so niedergeschlagen wie möglich zu klingen. »Ich bin total enttäuscht ... ich habe eine Vier.«

»Was?« Meiner Mutter fiel fast die Gabel aus der Hand.

»Aber du bist doch sonst so gut in Mathe?«, mischte sich jetzt auch mein Vater ein.

»Ja, ich weiß, und ich hab so viel gelernt!« Na ja, ein bisschen übertreiben wird wohl noch erlaubt sein ... »Wisst ihr, das Ding ist, dass alle so schlechte Noten hatten dieses Mal. Der Durchschnitt ist drei Komma acht, die Arbeit war übertrieben schwer.«

»Aber warum das denn?«

»Wissen wir nicht. Niklas hat auch eine Vier, Jan sogar eine Fünf.« Ich schaute noch mal extra bedrückt.

»Ach je. Das tut mir leid.« Jeglicher Anflug von Ärger im Gesicht meiner Mutter war ehrlichem Mitleid gewichen. »Beim nächsten Mal wird es dann hoffentlich wieder leichter.«

»Hoffe ich auch.« Noch mal ein betont langer Seufzer. »Dann lerne ich einfach noch mehr!«

Meine Mutter nickte zufrieden und wandte sich wieder ihrem Essen zu.

Ich muss schon sagen: Als ich mich nach diesem Abendessen in mein Zimmer verzog, musste ich mir erst mal selbst auf die Schulter klopfen. Für die Aktion hatte ich mir auf jeden Fall eine Belohnung verdient – ein Glück, dass es noch eine ganze Staffel *Prison Break* gab, die ich noch nicht gesehen hatte!

Bevor ihr es selbst rausfindet: Ja, *Prison Break* ist offiziell erst ab 16 Jahren freigegeben, und ja, es ist gar kein Problem, solche Serien bei Amazon Prime und Netflix zu schauen – schon gar nicht, wenn wir euren Account nutzen. Bitte nicht austicken, denn *alles* geht nicht – Filme und Serien mit FSK 18 zum Beispiel lassen sich nicht einfach streamen, dazu muss der Besitzer des Accounts sein Alter nachweisen (per Identifikationsnummer auf dem Perso und per EC- oder Kreditkarte). Und falls euch das nicht save genug ist: Man kann das Streamen mit einer PIN schützen. Nur: Wenn ihr versucht, unseren Serienkonsum damit zu sehr zu kontrollieren, wird es ungemütlich! Deshalb gilt auch hier wieder: Lasst uns reden! Macht 'ne Ansage, was wir auf keinen Fall schauen sollen. Wir werden euer Vertrauen schon nicht missbrauchen, denn wir wissen auch: Erwischt ihr uns, ist Schluss mit lustig.

•

Jetzt zu den schlechten Nachrichten für alle besorgten Eltern: Neben Netflix und Amazon Prime gibt es sie doch auch – die bösen illegalen Onlinestreams. Und es wäre gelogen zu sagen, dass wir Teenager sie niemals benutzen. Denn so groß das Angebot der offiziellen Streaming-Dienste auch ist, *alles* findet man da leider nicht. Und so kommt es, dass ziemlich viele von uns sich eben auch mal anderweitig behelfen, wenn sie unbedingt eine bestimmte Serie oder einen bestimmten Film sehen wollen, um mitreden zu können. Denn seltsamerweise – irgendjemand kennt von irgendwoher immer irgendwas cooles Neues!

Die inoffiziellen Streams findet man im Normalfall über große, nicht ganz legale Websites, die ein Verzeichnis von Filmen und Serien mit den entsprechenden Links zu den Streaming-Sites zur Verfügung stellen. Genau wie bei den legalen Anbietern wählt man den gewünschten Titel aus und klickt auf einen der vielen Anbieter, bei dem man den gesuchten Stream anschauen kann.

Im direkten Vergleich zu den offiziellen Streaming-Diensten sind die illegalen Konkurrenten allerdings um einiges unkomfortabler, weshalb wir trotz allem die gebührenpflichtigen Portale bevorzugen. Der erste nervige Punkt ist die Werbung, mit der man auf den Streaming-Seiten zugeballert wird. Bevor man seinen Film starten kann, muss man erst mal drei Pop-up-Fenster mit Anzeigen für Onlinegames schließen, die den ganzen Screen füllen und oft auch noch komische Töne von sich geben (blöd, wenn man seinen Eltern erzählt hat, dass man ins Bett geht oder für die Mathearbeit lernt und dann spaciges Gedröhn aus dem eigenen Zimmer hupt). Als Nächstes ist die Bildqualität der kostenlosen Streams in den allermeisten Fällen unterirdisch. Wer auf Netflix oder Amazon Prime Serien schaut, ist an Full-HD-Qualität gewöhnt. Wenn man die illegale Alternative wählt, sieht man sich plötzlich mit einer Auflösung von 480p konfrontiert. Da muss man sich dann erst mal umstellen!

Auch unpraktisch: Illegale Streaming-Anbieter merken sich nicht, wo man stehen geblieben ist. Wenn man seinen Filmgenuss auf Amazon Prime oder Netflix unterbrechen musste, weil Muttern zum Essen gerufen hat, starten beide Dienste beim nächsten Aufruf automatisch dort, wo man aufgehört hat. Und bei Serien rufen sie die nächste Episode auf, während man sich bei der kostenlosen Alternative selbst merken muss, welche Folge man als Letztes gesehen hat – was gar nicht so leicht ist, wenn man mehrere Serien gleichzeitig schaut. Da klickt man dann aus Versehen öfter auf eine Folge, die man eigentlich schon gesehen hat, oder man verpasst eine Episode, weil man sich die Nummer nicht gemerkt hat ... Luxusprobleme, ich weiß, aber das nervt einfach!

Bevor einige überbesorgte Eltern jetzt ihre Internetleitung kappen, eine kleine Entwarnung: Illegales Streamen ist zwar nicht völlig unproblematisch, die Rechtslage aber so schwammig, dass man eigentlich nichts befürchten muss, solange man den Film oder die Serie nicht auf seinen eigenen Computer runterlädt. Und das passiert beim Streamen ja glücklicherweise nicht. Und ich kenne wirklich niemanden, der so blöd ist, sich illegale Sachen wirklich downzuloaden. Also einmal tief durchatmen, liebe Eltern, das ist schon alles okay!

Es gibt übrigens einen einfachen Weg, das Risiko zu minimieren: Bezahlt einfach weiterhin schön für unsere Netflix- und Amazon-Prime-Accounts, dann kommen wir auch nicht auf dumme Ideen ...

●

Die eine Sorge konnte ich euch nun hoffentlich nehmen, aber wie sieht's denn nun aus mit der Suchtgefahr? Meine

Prison-Break-Geschichte hat es ja bereits gezeigt: Es kann schon mal negative Auswirkungen haben, jederzeit Zugriff auf einen riesigen Entertainment-Pool zu haben. Aber wollt ihr mir ehrlich erzählen, dass sich die jungen Leute früher nicht mit dem Fernseher abgelenkt haben, wenn sie eigentlich lernen sollten? Nur dass sie sich da eben nicht aussuchen konnten, was sie schauen wollten, sondern sich mit dem unterirdisch schlechten Fernsehprogramm zufriedengeben mussten. Ich würde ja behaupten, eine gute Serie zu schauen, ist besser, als sich stundenlang durch miese Talkshows zu zappen. Verloren haben wir auf jeden Fall noch keinen an Netflix, zumindest nicht dauerhaft. Irgendwann tauchen sie alle wieder auf – wenn auch nur, um sich was aus dem Kühlschrank zu holen …

Top 3, warum ihr uns Filme und Serien streamen lassen solltet:

1. Wir lernen, Verantwortung für uns selbst zu übernehmen. Siehe Mathearbeit: Die Vier war mir so peinlich, dass *Prison Break* der einzige Ausrutscher in Richtung obsessives Glotzen war. Mal ehrlich, jugendliche Exzesse legen sich meist von selbst wieder. Und wenn ihr wirklich das Gefühl habt, dass euer Teen zu sehr in die bunte Serienwelt abdriftet - vielleicht liegt das Problem ja dann ganz woanders? Läuft vielleicht gerade irgendwas so richtig mies, dass der Nachwuchs so wegflüchten muss? Das gute alte Gespräch könnte hier helfen.

2. Wie fies ist das denn, bitte? Die ganze Klasse schaut gerade mal wieder eine Serie, und nur euer Kind hat 'ne Streaming-Einschränkung, weil euch »Aber alle anderen dürfen auch« total egal ist? Wisst ihr eigentlich, was das bedeutet? Dass ihr euer Kind damit zum krassen Außenseiter und zum Opfer mieser Spoiler-Attacken macht? Egal ob beim Pausen-Talk, auf dem Klo oder im WhatsApp-Chat: Es ist völlig unmöglich, nicht mitzukriegen, wer in der aktuell gehypten Serie wen kriegt oder wer als Nächstes stirbt. Und wenn erst mal klar ist, wer die Serie nicht schauen darf oder wegen absurder Einschränkungen episodenweit hinterherhinkt, dann kriegt derjenige alle News erst recht als Erster gesteckt. Ihr wisst ja: Kinder sind grausam. Also seid es nicht auch noch und lasst uns gucken!

3. Wenn ihr uns nicht streamen lasst, setzen wir uns zu euch vor den Fernseher. Und schnappen uns die Fernbedienung ...

Von der CD zur mp3 zum Onlinestream – wie das Internet das Musikhören revolutioniert hat

Vor ein paar Wochen saß ich mit meinen Eltern und meiner Schwester im Auto. Wir waren auf dem Rückweg von einem Geburtstag, und mein Vater, der am Steuer saß, schaltete das Radio ein. Aus dem Lautsprecher tönte eine Schlagerschnulze – gleichzeitig rümpften wir alle die Nase.

»Mach was anderes an!«, schrie meine Schwester theatralisch, so als könnten ihre Ohren nicht eine einzige weitere Sekunde dieser – zugegeben gruseligen – Musik verkraften.

»Okay, okay«, beschwichtigte sie mein Vater und wechselte den Kanal; jetzt trällerte irgendein Typ mit Gitarre aus dem Radio.

»Schön«, seufzte meine Mutter und lehnte sich entspannt zurück. »Bruce Springsteen.«

»Können wir nicht was anderes als dieses öde Oldie-Zeug hören?«, beschwerte nun ich mich. »Das lief schon auf der Hinfahrt.«

Mein Vater brummte genervt und drehte noch mal am Knopf. Es rauschte kurz, dann dröhnten ein hämmernder Beat und Sprechgesang aus dem Lautsprecher. Super, Hip-Hop!

»Das kannst du lassen!« Meine Mutter drehte sich zu mir um und warf mir einen kritischen Blick zu. Auch Ricci rollte mit den Augen.

»Dann ja doch lieber wieder dieses altmodische Gitarrenzeug«, zischte sie.

»Ihr treibt mich noch in den Wahnsinn!« Mein Vater drehte energisch am Radiorädchen.

»Hey!«, warf ich ein, aber mein Einwand wurde überhört.

Für einen Moment dudelte ein lahmarschiger Popsong durchs Auto, dann waren wir wieder bei der Gitarrenmucke.

»Halt, zurück!«, schrie meine Schwester mit leuchtenden Augen. »Das war Justin Bieber!«

»Oh Gott, bitte nicht!«, flehte ich.

»Nein, wir hören jetzt Bruce Springsteen, basta!«, kam es energisch vom Beifahrersitz.

»Aber ...«, jammerte meine Schwester.

Keine drei Sekunden später war vor lauter Stimmengewirr kaum noch was von der Musik zu hören. Während meine Mutter, Ricci und ich uns lautstark stritten, streckte mein Vater entschlossen seinen Arm aus und schaltete das Radio ab. Wir anderen drei verstummten.

»Was soll das denn, Papa?«, fragte Ricci schnippisch.

»Stille«, sagte der nur entspannt. »Ist doch auch mal was Schönes.«

Ich wette, ihr kennt solche Situationen auch, denn mit Musik ist es wie mit allem anderen: Der Geschmack ändert sich mit jeder neuen Generation. Meine Schwester und ich hören andere Mucke als unsere Eltern, und denen wiederum gefallen Sachen, bei denen ihre Eltern früher nur den Kopf geschüttelt haben. Bei all den Unterschieden zwischen Jung und Alt ist das doch mal eine beruhigende Konstante!

Was aber wieder mal so ganz anders funktioniert als früher ist der Musikkonsum. Heute, wo fast jeder, der unterwegs ist, Stöpsel in den Ohren hat, um überall die eigene Lieblingsmusik zu hören, ist es eine krasse Vorstellung, dass unsere Urgroßeltern noch Grammophone benutzt haben – so sie denn wohlhabend waren. Und dann auch nicht täglich. Was für eine mega Revolution muss die Erfindung des Walkmans gewesen sein, der für uns genauso lächerlich wirkt wie der gute alte Plattenspieler, weil nach spätestens neunzig Minuten Laufzeit einfach mal Schluss war mit Musik. Und was, bitte schön, sind ›Seite umdrehen‹ oder ›Bandsalat‹?

Nicht mal die CD, die ja noch gar nicht so alt ist, kann noch mithalten mit den Innovationen, die uns das Internet in den letzten zehn Jahren beschert hat. Schon in den Anfangszeiten gab's plötzlich krasse Möglichkeiten für den schmalen Geldbeutel der Teenager: Man musste seine Lieblingsmusik nicht mehr in Form von CDs kaufen, um sie jederzeit hören zu können, sondern konnte sie sich einfach mithilfe von sogenannten Filesharing-Programmen als mp3-Datei herunterladen. Wenn man mit dem Programm online ging, konnte man auf die Mediatheken anderer User zugreifen und sich alle gewünschten Dateien kopieren, während sich andere genauso an der eigenen Musiksammlung bedienten.

Das Ganze war natürlich illegal, denn über die Copyright-Rechte der betroffenen Künstler wurde da großzügig hinweggesehen. Die und ihre Musiklabels setzten sich aber schon ziemlich bald zur Wehr, und als Filesharer musste man von da an jeden Moment damit rechnen, eine offizielle Abmahnung vom Anwalt in seinem Briefkasten zu finden, wenn man mit seinen Download-Aktivitäten nicht wenigstens ein bisschen vorsichtig war. Und so eine Geldstrafe war dann schnell teurer als das neue Album der Lieblingsband: Die Bußgelder gingen gern mal bis in die Tausender und sorgten nicht nur bei einigen Teenagern, sondern vor allem bei ihren Eltern für unschöne Überraschungen. Illegaler mp3-Download war damals ein Riesenthema.

Es ist also eigentlich kein Wunder, dass immer noch viele Eltern Angst davor haben, das eigene Kind könnte beim illegalen Downloaden von Musik erwischt werden. Auch meine sind da keine Ausnahme. Tatsächlich dauerte es nämlich nur ein paar Wochen, nachdem meine Mutter mich besorgt zum Thema Serien-Streams ausgefragt hatte, bis es wieder an meiner Tür klopfte. Diesmal streckte mein Vater seinen Kopf in mein Zimmer. Ich lag gerade auf meinem Bett, schrieb mit Paul auf WhatsApp und hörte nebenbei mein neues Lieblingsalbum.

»Du, ich wollte dich mal was fragen«, sagte mein Vater, kam herein und lehnte sich an meinen Kleiderschrank.

»Yip?« Ich schaute vom Handy auf.

»Ich hab da kürzlich eine Doku im Fernsehen gesehen ...«

»Ernsthaft, du jetzt auch noch?« Ich rollte mit den Augen.

»Was denn?«, fragte mein Vater verdutzt.

»Die Onlinestreams, die ich schaue, sind alle legal, Papa.« Ich wandte mich wieder meinem Smartphone zu.

»Das wollte ich gar nicht fragen!«, sagte er triumphierend.

»Und was dann?« Ich musterte ihn misstrauisch.

»Na, mir ging es eher um die Sache mit den Musikdownloads ...«

»Oh Gott«, stöhnte ich.

Ich schaffte es dann aber doch relativ schnell, ihn zu beruhigen. Denn mit Musik und uns Teenagern ist das heutzutage so: Wir downloaden sie nicht mehr, sondern streamen sie genauso wie Filme und Serien – und zwar genauso legal. Die Dienste für Musik heißen Spotify, Soundcloud, Apple Music, Deezer und Napster. Letzterer ist übrigens ein ehemaliger Filesharing-Anbieter, der seine Marktstrategie wegen der rechtlichen Problematik von Grund auf ändern musste und jetzt zu den gebührenpflichtigen Musikanbietern gehört. Tja, so kann es gehen.

Alle fünf Programme funktionieren relativ ähnlich. Gegen eine monatliche Gebühr von ein paar Euro kann man einen Account erstellen und hat damit Zugriff auf die gesamte Musikdatenbank des Anbieters. In der Regel ist die ziemlich groß, auch wenn natürlich nirgendwo *alles* im Angebot ist. Insbesondere die kleineren Acts findet man manchmal nicht, aber auch einige der ganz großen Größen im Musikbusiness setzen sich gegen solche Musik-Streamingdienste zur Wehr, weil ihnen das Geschäft mit den Portalen nicht lukrativ genug ist. Im letzten Jahr hat zum Beispiel Taylor Swift für Schlagzeilen gesorgt, weil sie sich weigerte, mit Spotify zu kooperieren, und ihre Musik auf der Plattform von da an nicht mehr verfügbar war. Für Leute, die für Spotify bezahlen, um gerade Taylor Swift zu hören, ist so was dann natürlich blöd, aber erstens muss man ja nirgends ewig Mitglied bleiben und zweitens gibt's auch noch die Konkurrenz.

Ich benutze zum Musikhören sowohl Spotify als auch Soundcloud und bin mit beiden Anbietern mehr als zufrieden. Im Normalfall findet man, was man sucht, und auch die sonstigen Funktionen machen das Musikhören zu einer bequemen Angelegenheit. Man kann nicht nur nach Songs suchen, sondern sie auch in einer virtuellen Mediathek speichern, seinen Lieblingskünstlern folgen, persönliche Playlists erstellen und die Playlists von anderen einsehen sowie Musik herunterladen, damit man sie auch offline hören kann. Auf ihrer Startseite empfehlen die Dienste einem außerdem neue Künstler und Playlists für verschiedene Stimmungen, sodass es relativ einfach ist, ab und an was Neues zu entdecken.

Selbstverständlich und besonders praktisch: Spotify und Co kann man sich auf alle seine Geräte runterladen und hat damit seine Musiksammlung jederzeit und überall parat. Auch auf neuen Geräten – einfach App installiert und Account geladen, fertig! Alles andere wäre supernervig!

Wenn ich von ›herunterladen‹ und ›offline hören‹ rede, dann meine ich damit übrigens, dass man bestimmte Songs oder Alben auswählt und diese dann später auch ohne Internetverbindung hören kann. Das bedeutet nicht, dass man sich eine mp3-Kollektion auf seiner Festplatte erstellt und diese in einem Musikplayer wie iTunes, Windows Media Player oder VLC abspielt, wie das vor ein paar Jahren noch gang und gäbe war, sondern dass die ausgewählten Songs lediglich zwischengespeichert und wieder gelöscht werden, sobald man die ›Offline-Liste‹ aktualisiert oder seinen Streaming-Account kündigt.

Eure Generation macht das noch anders, habe ich recht? Ihr habt auf euren Rechnern oder externen Festplatten ganze Sammlungen von Musik gespeichert und müsst sie zum Unterwegs-Hören dann nicht nur erst mal auf mobile Geräte übertragen und dort importieren, sondern auch noch neue Playlists für jedes Gerät anlegen, weil der mp3-Player nicht mit der Mediathek eures Rechners spricht, richtig?

Vor ein paar Jahren, als es Spotify und Co noch nicht gab, haben auch wir Teenager das noch so gemacht – wie ihr haben wir unsere Songs im iTunes-Store oder ähnlichen Onlineshops für 99 Cent pro Track gekauft und runtergeladen. Seit es die großen Streaming-Portale gibt, sind solche Onlineshops für mp3s jedoch überflüssig geworden, denn preislich lohnt sich das für uns einfach nicht mehr. Wenn man für zehn Euro im Monat auf die gesamte Musikkollektion von Spotify zugreifen kann, ist es wirklich sinnlos, sich stattdessen für den gleichen Preis ein einziges Album im mp3-Format herunterzuladen – da stimmt ihr mir sicher zu. Und damit sind auch die guten alten mp3-Player und iPods, die vor zehn Jahren noch so in waren, überflüssig geworden – so was benutzt heute keiner mehr. Wozu auch zwei Geräte mit sich herumschleppen, wenn das Smartphone doch das Gleiche kann ...

•

Zu meinem letzten Geburtstag habe ich mir von meinen Eltern eine CD gewünscht. Ja, richtig gelesen! Wir Teenager wollen tatsächlich noch manchmal eine dieser runden, silbernen Plastikscheiben aus dem letzten Jahrtausend haben. Bei mir sollte es das neue Album von 187 Strassenbande sein – eine Rap-Crew aus Hamburg, die mittlerweile auch im Rest von Deutschland ziemlich bekannt geworden ist.

Am Frühstückstisch überreichte mir meine Mutter mein Geschenk. »Alles Gute, Robert!«

»Danke, Mama!« Ich riss das Geschenkpapier auf und hielt die gewünschte CD in Händen. »Cool, danke«, sagte ich noch mal und legte die Plastikhülle neben mir auf dem Tisch ab.

»Willst du die CD nicht in die Stereoanlage einlegen, damit du sie dir gleich anhören kannst?«, wollte meine Mutter wissen und schaute ein wenig enttäuscht.

»Nö, ich hab das Album doch schon die ganze letzte Woche über gehört«, gab ich zurück, während ich an meinem Frühstücksbrot mampfte.

»Wie, du hast die CD schon?«

»Nee, das nicht. Aber ich kann das Album doch auch im Internet hören.«

»Aber wieso wünschst du sie dir denn dann noch, wenn du sie eh online hörst?« Jetzt verstand meine Mutter gar nichts mehr.

»Na, ganz einfach ...« Ich kaute zu Ende und erklärte: »Wenn ich die Musik über Spotify höre, kriegen die Künstler nicht wirklich viel Geld. Da ist es besser, sich die CD zu kaufen, davon haben sie mehr. Und ich mag 187 Strassenbande halt wirklich gern, da möchte ich die finanziell unterstützen.«

»Ach so.« Meine Mutter schaute mich mit großen Augen an. »Und was machst du jetzt mit der CD?«

»Na, die kommt ins Regal.«

Meine Mutter nickte fasziniert. »Über euch Teenager lernt man auch immer wieder was Neues«, sagte sie, bevor sie sich ihrem Frühstücksei zuwandte.

Das Gute daran ist: Seit diesem Gespräch fragt mich meine Mutter nicht mehr über illegale Downloads aus. Wahrscheinlich hat sie da endlich begriffen, dass auch die junge Generation keinen unbegrenzten Zugriff auf ein kostenloses Entertainment-Programm erwartet, sondern die Arbeit, die Künstler in ihren kreativen Output stecken, durchaus zu schätzen wissen – zumindest viele von uns. Zwar kaufen wir uns nicht mehr so viele CDs wie die Jugendlichen vor zwanzig Jahren, aber auch früher konnte man durch solche Sachen wie das Brennen von CDs oder das Überspielen von Musik auf Kassette ja schon ganz schön bescheißen, wenn man keine Lust hatte, Geld im Laden zu lassen. Zugegeben, wir sind bei der Auswahl unserer Anschaffungen heutzutage sehr selektiv, weil es so viele andere Möglichkeiten des Konsums gibt – trotzdem hatten die Teenager in den alten Zeiten auch nicht unbegrenzt Geld und mussten sich entscheiden, welche CD oder welchen Film sie letztendlich haben wollten.

Zeiten ändern sich, und auch der Musikbetrieb funktioniert heute ganz anders als früher. Solange wir Teenager aber Musik hören und lieben – und das wird wohl für immer so bleiben –, liegen uns unsere Lieblingskünstler am Herzen, und wir lassen sie nicht verhungern! Allein schon weil es ja auch in unserem eigenen Interesse liegt. Was sollten wir denn sonst bei der nächsten Party hören? Das Oldie-Radio? Eben.

Ich will doch nur spielen! Oder: Warum Ballerspiele nicht das Ende der Welt sind

Wenn's zum Onlineleben eurer Sprösslinge kommt, macht ihr euch nicht nur wegen Video-Streams und vermeintlich illegaler Downloads Sorgen – auf Platz eins der Gefahrenliste stehen die Onlinegames, allen voran natürlich die umstrittenen Ballerspiele. Es geistern ja immer wieder Schreckensmeldungen durch die Medien, die euch einzuflüstern versuchen, dass der Großteil von uns Jugendlichen – zumindest wir Jungs – inzwischen nur noch damit beschäftigt sind, zu Hause in unserem verdunkelten Zimmer zu hocken und auf unseren Bildschirm zu glotzen, wo wir kaltblütig alles abknallen, was sich bewegt, und in unserer aus Pixeln bestehenden Fantasiewelt langsam, aber sicher den Zugang zur realen Welt verlieren. Ins echte Leben wagen wir zockenden Teenager-Zombies uns nur noch selten – unsere Eltern treffen uns ab und zu in der Küche an, wo wir uns eine Tiefkühlpizza in den Ofen schieben und unsere von schwarzen Ringen umrahmten Augen zukneifen, weil wir an Tageslicht nicht mehr gewöhnt sind. Spätestens wenn wir Spielsüchtigen die Schule schmeißen, um unserer Gamerkarriere die nötige Zeit – also 24 Stunden am Tag – widmen zu können, ist der absolute Point of no Return erreicht. Zahlreiche Fallstudien belegen, dass es höchst unwahrscheinlich ist, dass wir je wieder den Controller aus der Hand legen und ein brauchbares Mitglied der Gesellschaft werden. Der einzige Trost für unsere Eltern ist es dann, wenn wir kein Einzelkind sind, sondern noch Geschwister haben, auf die sie eventuell eines Tages stolz sein können, weil Schwesterherz ihr Leben als Mittdreißigerin nicht zwischen leeren Chipstüten und Flaschen mit blauem Energydrink in ihrem alten Kinderzimmer fristet ...

Aber jetzt mal Spaß beiseite! Es stimmt schon, dass es Extrembeispiele gibt, und in den letzten Jahren ist sicher der ein oder andere Jugendliche tatsächlich der Spielsucht verfallen. Das ist schlimm, und das will ich gar nicht schönreden. Fakt ist aber auch, dass man nicht von ein paar Ausnahmefällen auf die große Masse schließen kann.

Und groß ist die Spielgemeinde auf jeden Fall, denn laut einer Studie haben im Jahr 2015 ganze 68 Prozent aller Teenager in Deutschland mehrmals pro Woche Computer-, Konsolen- oder Handyspiele gedaddelt.

Darunter auch ich – trotzdem würde ich behaupten, dass mein Leben in ziemlich normalen Bahnen verläuft und ich neben dem Zocken nicht nur die Schule nicht vernachlässige, sondern auch noch jede Menge anderer Sachen gebacken kriege, wie zum Beispiel regelmäßig zum Hockey zu gehen oder ein ganzes Buch zu schreiben ... Das ist ja schon mal was. Oft ist es auch so, dass die Leute, die Computerspiele für ganz furchtbar halten, gar nicht so viel oder auch rein gar nichts darüber wissen: Wie das funktioniert, welche Spiele es gibt, wie viel wir Jugendlichen überhaupt spielen und warum. By the way: Wenn ich zur Rushhour mit der U-Bahn unterwegs bin und mir anschaue, wie viele Erwachsene ebenfalls auf ihr Handy starren und irgendwelche Spiele zocken, dann weiß ich gar nicht, ob ihr nicht genauso ›gefährdet‹ seid wie wir.

Bei mir persönlich ist es jedenfalls unterschiedlich, wie viel Zeit ich mit Spielen verbringe. Wenn ich mich gerade in einer spieleintensiven Phase befinde, kann es schon mal sein, dass ich nach der Schule zwei bis drei Stunden und am Wochenende sogar noch mehr zocke. Wollt ihr nicht immer, dass wir ehrgeizig sind? Tja, um einen Endgegner zu besiegen, muss man halt auch trainieren! Dafür gibt's dann aber auch wieder Zeiten, wo ich überhaupt keinen Bock auf Spiele habe und monatelang die Finger von meiner Konsole lasse – und zwar ohne an irgendwelchen Entzugserscheinungen zu leiden.

Auch was wir spielen, ist natürlich verschieden bei der riesigen Auswahl an Games, die es auf dem Markt gibt, aber ein paar Favorites haben wir natürlich schon. Ein Spiel, das eigentlich jeder besitzt, ist *FIFA*, also das Fußballspiel. Ja, richtig gehört, liebe Eltern – beim beliebtesten Spiel aller Zeiten geht es nicht darum, jemanden *ab-*, sondern den Ball *ins* Tor zu schießen. Dabei kann man mit real existierenden oder selbst kreierten Mannschaften Matches austragen und um den Titel kämpfen, Spieler durch ihre gesamte Karriere begleiten und kontinuierlich an ihren Fähigkeiten arbeiten, im Managermodus Verträge aushandeln und Spieler verpflichten ... eine ganze Menge also. Da muss man erst mal den Überblick behalten, und Geduld braucht man auch!

In puncto Beliebtheit kommt dann gleich das Game *Call of Duty*. Das ist zugegeben tatsächlich eins der berüchtigten ›Ballerspiele‹ – im Fachjargon auch Ego-Shooter genannt, weil man dabei in die Rolle eines Soldaten schlüpft und aus seiner Perspektive an einem Krieg teilnimmt. Weil es dabei ganz schön gewalttätig zugehen kann (Krieg eben), ist das Spiel eigentlich erst ab 18 Jahren zugelassen. Wahrscheinlich muss ich aber nicht extra erwähnen, dass wir Jugendlichen das mit der USK-Empfehlung nicht so eng sehen, oder? Und wenn man ein Spiel unbedingt haben will, es sich aber selbst nicht kaufen kann, gibt es ja auch andere Möglichkeiten, da ranzukommen ... zum Beispiel wenn man lange genug seine Eltern bequatscht!

Als ich damals meine Mutter überredete, mir mein erstes Spiel mit dem roten ›USK ab 18‹-Sticker zu kaufen, war sie ... nun ja, ein wenig verunsichert.

»Bist du sicher, dass du das haben willst?«, fragte sie mich skeptisch, als wir im Saturn standen und ich ihr das ausgewählte Game in die Hand drückte.

»Klar. Das ist wirklich nicht so schlimm, Mama. Ich weiß doch, dass es nur ein Spiel ist.«

»Hm. Ich weiß nicht.« Sie drehte den Karton unschlüssig in ihrer Hand herum.

Oh, oh, das sah jetzt ja nicht so gut aus. Kurz bekam ich Herzklopfen, weil ich dachte, mich frühzeitig von meinem Geburtstagsgeschenk verabschieden zu müssen. Zum Glück kam mir in diesem Moment ein netter Verkäufer zu Hilfe.

»Ah, gute Wahl, das ist ein Superspiel«, sprach er uns von der Seite an.

»Wirklich?« Neugierig schaute meine Mutter ihn an. »Ist das nicht zu ... brutal für jemanden in dem Alter?« Bei den letzten Worten zeigte sie auf mich. Ich verkniff mir ein Augenrollen.

»Ach was! Da machen Sie sich mal keine Sorgen. Ich hab das gerade erst meinem Neffen geschenkt. In dem Alter spielen die das doch alle. Stimmt's?«, fragte er an mich gewandt.

»Yip.«

»Na, wenn Sie sagen, dass das keine schlechten Auswirkungen hat ...«, sagte meine Mutter.

»Ja, sicher. Es wäre schlimmer, wenn er das Spiel nicht haben dürfte, obwohl alle seine Freunde es spielen. Gruppenzwang und so. Führt zu Mobbing! Und *das* macht die jungen Leute psychisch kaputt, nicht solche Spiele.«

Meine Mutter schaute alarmiert. »Oh, na dann … wird es das wohl!«

Der Verkäufer zwinkerte mir zu, und ich musste mir ein Grinsen verkneifen. Hinter ihrem Rücken gaben wir uns einen High five, während meine Mutter und ich zur Kasse abzogen.

So kam ich also zu meinem ersten ›Ballerspiel‹ – und ich würde behaupten, dass es mir bis heute nicht geschadet hat, obwohl ich den einen oder anderen Feind über den Haufen geschossen habe. Zum Glück waren meine Eltern immer ziemlich cool bei solchen Sachen, da hätte es mich in der Tat schlimmer treffen können. Dafür hier mal einen Daumen hoch, Mama und Papa! Klar haben sie mich in der Grundschule noch keine krass gewalttätigen Games spielen lassen, so sind sie dann doch nicht drauf, aber als ich älter wurde, konnte ich grundsätzlich mit ihnen über solche Sachen reden. Es ist ja auch irgendwo besser, wenn man weiß, was das eigene Kind so treibt, als wenn das alles im Geheimen passiert, weil die Eltern mit einem Haufen Verbote um die Ecke kommen. Dass das nämlich nicht funktioniert, weiß wohl jeder, der selbst mal jung war.

Überhaupt glaube ich nicht, dass Ego-Shooter sich negativ auf Jugendliche auswirken. Denn auch wenn man bei den Spielen mit ziemlich brutalen Inhalten konfrontiert wird, führt das trotzdem nicht dazu, dass man emotional abstumpft und selbst gewalttätig wird, wie es ja immer heißt. Meine Freunde und ich spielen alle regelmäßig solche Spiele, und niemand ist dadurch aggressiver geworden. Mal ehrlich, wir kennen den Unterschied zwischen einem Controller und einer echten Waffe, und genauso können wir zwischen den fiktiven Inhalten in einem Spiel und dem echten Leben unterscheiden. Bei Actionfilmen ist es doch dasselbe Prinzip: Auf dem Bildschirm wird Gewalt als cool dargestellt und in einem reinen Unterhaltungskontext gezeigt, trotzdem denken die Leute, die solche Filme gucken, nicht, dass es okay ist, sich in der Realität so zu verhalten. Und wenn jemand nicht in der Lage ist, zwischen ausgedachtem Content und echter Welt zu unterscheiden und von gewalttätigen Spielen oder Filmen tatsächlich so krass beeinflusst wird, dass er selbst zu Waffen greift und auf seine Klassenkameraden losgeht, dann muss man doch davon ausgehen, dass bei diesem Menschen schon vorher etwas nicht ganz gestimmt hat. Ein aufgeklärter Teenager, der ganz normal aufwächst und gut behandelt wird, dreht nicht so ab. Sonst gäb's an meiner Schule wöchentlich mindestens einen Amoklauf.

Anders als viele Erwachsene denken, ist Zocken auch keine Einsiedlerbeschäftigung, bei der man nach und nach vereinsamt. Ganz im Gegenteil: So gut wie alle Spiele für die Konsole (wie zum Beispiel die PlayStation) sind mittlerweile

Onlinegames, die bei uns Teenagern gerade deshalb so gut ankommen, weil sie einen Multi-Player-Modus anbieten, in dem man gegen- und miteinander spielt. Zwar sitzt man tatsächlich allein zu Hause in seinem Zimmer, aber das heißt doch noch lange nicht, dass man auch wirklich allein *ist*. Bei Spielen wie *Call of Duty* zum Beispiel ist Kommunikation extrem wichtig, weil man sich im Teammodus genau absprechen muss, welchen Weg man nehmen will, mit welcher Taktik man vorgeht und so weiter.

Meine Mutter fragte mich, als ich einmal vor meiner Konsole saß, ganz entgeistert, warum ich eigentlich die ganze Zeit mit mir selbst reden würde. Da konnte ich nur noch lachen.

»Nee, Mama, ich führe doch keine Selbstgespräche, ich rede mit meinen Freunden, die mitspielen.«

»Wie, die spielen mit? Wie das?«

»Och, Mama, übers Internet natürlich!«

Das war ihr bis zu diesem Moment tatsächlich nicht bewusst gewesen, was mich wiederum ein bisschen schockte. Aber klar – sie selbst zockt ja nicht, so wie die meisten Eltern das nicht machen, woher sollte sie es also wissen? Kommunikation würde helfen: Wenn man nicht weiß, was das eigene Kind eigentlich so tut, und sich deswegen sorgt, sollte man vielleicht einfach mal nachfragen und sich das ›komische Verhalten‹ erklären lassen – damit ist oft beiden Seiten geholfen.

Die Möglichkeit, mit seinen Freunden zu spielen und sich dabei mit anderen zu messen, ist einer der Gründe, warum wir Teenager unsere Zeit so gern mit Zocken verbringen. Onlinegames machen nicht nur Spaß und sind ein abwechslungsreicher Zeitvertreib, sie stellen auch eine gewisse Herausforderung dar, denn natürlich geht's auch immer irgendwo ums Gewinnen – genauso wie bei klassischen Brett- und Kartenspielen. Wenn ich *FIFA* zocke, dann will ich besser sein als die anderen, und darum trainiere ich immer mehr. Wenn man viel spielt, wird man außerdem innerhalb des Games belohnt. Bei *FIFA* zum Beispiel mit Münzen, mit denen man bessere Spieler kaufen und so sein Team aufwerten kann, wodurch man wiederum bessere Chancen auf den Sieg hat. Diese Spirale, in die man da gerät, kann man umgangssprachlich schon als Sucht bezeichnen, und besonders wenn ein Spiel neu ist, passiert es durchaus mal, dass man echt viel Zeit damit verbringt. Aber wie gesagt – das sind Phasen, und bis jetzt ist noch jedes Spiel irgendwann langweilig geworden.

Nur weil meine Freunde und ich einen relativ vernünftigen Umgang mit dem Zocken pflegen, heißt das natürlich nicht, dass es keine Fälle gibt, wo das mit dem Gaming nicht doch ausartet. Und ich gebe zu, dass manche Onlinegames definitiv mehr Suchtpotenzial als andere haben. Ich denke da zum Beispiel an *World of Warcraft*, ein sehr bekanntes Onlinerollenspiel. Dort bewegt man sich in einer virtuellen Welt, in der man sich verschiedenen Herausforderungen stellt (gegen Feinde kämpfen, Ländereien oder Festungen erobern, Missionen erfüllen etc.). Solche Rollenspiele sind oft auf einen langen

Zeitraum ausgelegt, und die komplexe Fantasiewelt, in der die Handlungen stattfinden, zeichnet sich durch ein umfangreiches Regelwerk aus. Das und die Tatsache, dass man sich einen eigenen Charakter erstellt und ihn im Laufe des Games quasi aufzieht und dadurch eine persönliche Bindung zu ihm aufbaut, führt dazu, dass manche Leute keine richtige Grenze mehr zwischen dem Spiel und ihrem Leben ziehen können. Für sie verschmelzen beide Welten – was so lange okay ist, wie man seinen Kram noch auf die Reihe bekommt und zufrieden damit ist, wie die Dinge laufen. Wenn jemand jedoch so in seiner Onlinewelt verloren geht, dass er im echten Leben nicht mehr klarkommt, dann ist das definitiv bedenklich – da verstehe ich dann auch, dass Eltern sich Sorgen machen, wenn ihr Kind sich negativ verändert. Persönlich kennen tue ich allerdings keinen solchen Fall.

•

Vor ein paar Monaten war ich mit meiner Mutter in der Stadt unterwegs, um ein paar Einkäufe zu erledigen. Es war Abend und dämmerte schon, als uns ein paar Meter entfernt ein Mann auffiel, der scheinbar verwirrt durch die Gegend stolperte. In der ausgestreckten rechten Hand hielt er sein Smartphone, der Blick war fest auf den Bildschirm geheftet. An einer Straßenecke blieb der Mann stehen, ging in die Knie, zog die Augenbrauen konzentriert zusammen und tippte wie verrückt auf seinem Display herum.

Meine Mutter zog mich am Arm. »Du, Robert, lass uns mal lieber die Straßenseite wechseln. Der Typ da ist irgendwie komisch.«

Ich grinste und sagte nichts.

»Was macht der denn? Fotografiert der irgendwas?«

Wir waren stehen geblieben, und meine Mutter beobachtete verstört die Szene, die sich abspielte. Der Mann rief plötzlich laut »Scheiße!« und fuchtelte mit den Armen.

»Du, ich glaub, der ist betrunken. Vielleicht sollten wir die Polizei rufen, sonst wird der noch überfahren oder verletzt sich anderweitig.« Sie fing an, in ihrer Tasche nach dem Handy zu kramen.

Ich konnte das Lachen nicht mehr zurückhalten und prustete laut los.

»Was ist denn jetzt schon wieder so lustig?«, zischte meine Mutter und schaute mich verständnislos an. Der Mann hatte inzwischen die Position gewechselt und benahm sich wieder weitestgehend normal. Vielleicht war er spontan nüchtern geworden. Oder ...

»Lass das mal mit der Polizei, Mama«, beschwichtigte ich meine Mutter. »Das ist kein Verrückter. Der spielt nur *Pokémon Go*.«

»Pokémon?«

Der Begriff sagte sogar ihr etwas. Für alle, die es nicht wissen: Pokémon sind Fantasiewesen, die man einfangen muss, um sie zu trainieren und gegen andere Pokémon kämpfen zu lassen. Wobei es übrigens nicht darum geht, die Gegner zu töten – nein, es sind ganz faire, sportliche Wettkämpfe!

Zu meiner Mutter sagte ich: »Ja, *Pokémon Go*, das neue Handyspiel. Damit kann man Pokémon draußen in der echten Welt fangen.«

»Und ... wie funktioniert das?«

»Über Geo-Tagging. Du schaltest dein GPS ein und siehst dann auf deinem Display, wo du in echt gerade langgehst. An verschiedenen Orten sind verschiedene Pokémon versteckt, die du einfangen kannst. Hast du welche erwischt, kannst du sie im Spiel speichern und großziehen. Und dann gibt es noch Arenen an manchen Stellen in der Stadt, zum Beispiel im Park oder einfach an einer Bushaltestelle. Da kannst du deine Pokémon dann kämpfen lassen, um für dein Team zu gewinnen.«

»Aha«, sagte meine Mutter verblüfft, »also so wie ein ganz normales Computerspiel, nur auf dem Handy und online und mit den echten Straßen als Umgebung?«

»Genau!«

Achselzuckend steckte meine Mutter das Handy wieder weg. Da sie nun beruhigt war, ließen wir den Pokémon-Jäger in Ruhe weiterspielen und machten uns auf den Heimweg. Ich finde ja, Eltern sollten öfter Danke sagen, denn manchmal wären sie echt verloren, wenn wir Teenager ihnen nicht die Welt erklären würden ...

Apropos Pokémon: Das ist mal das beste Beispiel dafür, dass es coole Spiele nicht nur für die Konsole gibt. Als *Pokémon Go* im Sommer 2016 veröffentlicht wurde, ist ein regelrechter Hype ausgebrochen, und die Menschen sind in Massen auf die Straßen geströmt, um ein Pikachu zu fangen. Alles, was man für den Spaß brauchte, waren ein Smartphone und mobiles Internet. Und übrigens: Es waren nicht nur wir besessen davon, virtuelle Wesen in der realen Welt zu fangen, nö, ihr Erwachsenen seid genauso auf den Trend eingestiegen und ebenfalls wie wahnsinnig durch die Gegend gerannt, um möglichst viele Pokémon in eurer Stadt zu sammeln, ganz zu schweigen von denen unter euch, die sich extra ins Auto gesetzt haben, um das ganze Umland abzugrasen.

Mittlerweile ist der Pokémon-Hype deutlich abgeflaut, und in meinem Freundeskreis spielt das keiner mehr – ich sag's ja: Das sind alles nur Phasen!

Damit ihr wisst, was eure Teenager höchstwahrscheinlich daddeln und damit ihr sie mit erstaunlichem Fachwissen überraschen könnt, habe ich euch hier mal unsere Smartphone-Favorites aufgelistet:

Games fürs Smartphone – ein klitzekleiner Querschnitt

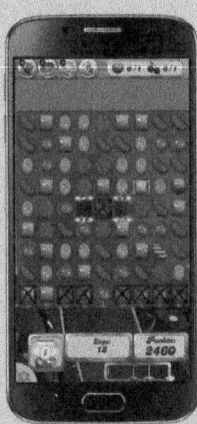

Candy Crush Saga: Ein absolutes Must-have fürs Handy. Das quietschbunte Spiel ist bei Jung und Alt gleichermaßen beliebt. Das Prinzip ist einfach: Auf seinem Spielbrett hat man verschiedenfarbige Bonbons, die man durch horizontale und vertikale Bewegungen in Dreierreihen bringen und einsammeln kann. In jedem Level wird dabei ein neues Ziel gesetzt, zum Beispiel das Einhalten einer bestimmten Zeit oder einer vorher festgelegten Anzahl von Zügen.

Color Switch: Noch ein sehr simples Spiel. Man muss einen Ball durch Berühren des Displays durch verschiedenfarbige Ringe befördern. Das Vertrackte daran: Der Ball wechselt die Farbe – von Lila, Pink oder Türkis zu Gelb – und darf nur durch die Ringe hindurch, die die gleiche Farbe haben. Trifft der Ball auf einen andersfarbigen Ring, ist das Spiel vorbei.

Jetpack Joyride: Das ist ein sogenanntes Jump-'n'-Run-Game, das man theoretisch endlos spielen kann. Man steuert die Spielfigur Berry, die sich automatisch fortbewegt und davor bewahrt werden muss, gegen Hindernisse zu knallen, durch unterschiedliche Umgebungen. Außerdem kann man verschiedene Gegenstände wie zum Beispiel Münzen einsammeln, mit denen man sich dann Werkzeuge oder andere Gadgets kaufen kann. Kollidiert man mit einem Hindernis, ist das Spiel vorbei und man muss von vorn beginnen.

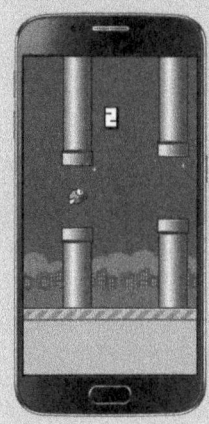

Flappy Bird: Bei *Flappy Bird* muss man einen kleinen Vogel durch Berühren des Bildschirms zwischen grünen Röhren hindurchmanövrieren und erhält dafür Punkte. Nach seiner Veröffentlichung 2013 wurde das Spiel sehr schnell sehr bekannt, bevor es Anfang 2014 plötzlich wieder aus den App Stores verschwand, weil der Entwickler der Meinung war, dass sein Spiel süchtig mache. Eine ziemlich komische Geschichte ... Wenn man ein älteres Smartphone besitzt, auf dem das Spiel noch installiert ist, kann man es nach wie vor spielen, und es erfreut sich weiterhin einer großen Beliebtheit.

Alle diese Spiele haben gemeinsam, dass sie kurzweilig sind und nicht viel Zeit in Anspruch nehmen. Im Gegensatz zu Spielen wie *FIFA* oder *Call of Duty,* wo es darum geht, langfristig etwas aufzubauen oder eine Mission zu erfüllen, lassen sich Handyspiele wunderbar zwischendurch spielen, was unter anderem ihre riesige Popularität erklärt. Warum nicht eine Runde *Candy Crush* spielen, wenn man eh fünf Minuten auf den nächsten Bus warten muss? Auf jeden Fall besser, als in derselben Zeit eine Zigarette zu rauchen. Die kleinen Games sind für solche Situationen so praktisch, dass eigentlich alle Teenager sie spielen, genauso wie viele Erwachsene auch (das U-Bahn-Phänomen!).

Anders als bei einem Konsolenspiel muss ein Game fürs Handy nicht zwangsläufig online sein. Die meisten Spiele fürs Smartphone lassen sich zwar mit Facebook verbinden, sodass man seinen Highscore mit dem seiner Freunde vergleichen kann, aber das ist eher unwichtig. Beim Spielen auf dem Smartphone geht es in erster Linie um den Zeitvertreib und manchmal auch darum, seinen eigenen Highscore zu verbessern, aber besonders wichtig sind sie uns nicht. Deshalb geben wir für Handyspiele auch kein Geld aus, für Konsolenspiele hingegen schon. Ein neues Spiel für die PlayStation kostet circa siebzig Euro, die meisten Games fürs Smartphone gibt es umsonst. Natürlich kann man auch in seine Handyspiele Geld investieren, zum Beispiel indem man sich Münzen kauft oder neue Features freischaltet, solche Sachen halt. Weil diese Spiele aber eben nicht das große Ding sind, macht das allerdings fast keiner. Nee, nee, da gibt es anderen unnötigen Kram, für den wir unser Taschengeld dringender ausgeben!

Top 3, warum es okay ist, wenn wir Games daddeln

1. Ihr tut es doch auch!

2. Games spornen unseren Ehrgeiz an und verlangen uns viel Konzentration ab. Gerade bei den komplizierteren Konsolenspielen müssen wir viele Details im Auge behalten und weiterverfolgen, wenn wir eine Aufgabe erfüllen, eine Mission beenden oder ein Match gewinnen wollen. Darüber hinaus sind Games genauso ein soziales Miteinander wie Brettspiele, wenn wir im Multi-Player-Modus zocken und unsere Vorgehensweise mit unseren Freunden abstimmen.

3. Es ist wissenschaftlich erwiesen, dass Computerspiele die räumliche Orientierung verbessern (ha, gebt es zu, ihr scheitert schon an 3D Tetris!), das Gedächtnis trainieren, die Feinmotorik schulen und strategisches Denken fördern. Jawohl. Versucht mal, all diese Benefits mit einem Buch zu kriegen!

Pornosucht und Cybermobbing – wie das Internet eine ganze Generation verdirbt ... oder wie war das?

Dienstagvormittag, Englisch ist vorbei, und erleichtert strömen wir auf den Schulhof. Endlich Pause! Wie können sich zwei Stunden eigentlich nur so ewig anfühlen?! Die meisten Mädels unserer Klasse rotten sich auf der Eingangstreppe zusammen und kramen ihr Essen und natürlich ihre Smartphones aus den Taschen. Wir Jungs sammeln uns am Basketballkorb. Paul fängt mit ein paar anderen ein Match an, ich sitze mit dem Rest daneben, auf Bewegung so früh am Tag habe ich gerade nicht so viel Bock.

»Boah, die Meyer hat doch 'nen Knall! Wie sollen wir das denn bitte alles bis Freitag lernen?«, beschwert sich Marvin über unsere Englischlehrerin. Mit genervten Seufzern stimmen wir anderen zu.

Leon zieht in der Zwischenzeit sein Handy aus der Hosentasche heraus und fängt sofort fett an zu grinsen – da scheint was eindeutig interessanter zu sein als die Klassenarbeit in drei Tagen.

»Ey, Leon, was los?«, will Jonas wissen und pufft ihn in die Seite. »Lass uns mal an deinem Spaß teilhaben!«

Leon hält Jonas das Handy vor die Nase, worauf auch der anfängt zu lachen. »Uuuh, hot!«, grölt er.

Ich recke neugierig meinen Kopf, das will ich jetzt aber auch sehen! Als ich einen Blick auf das Display erhasche, ist mir alles klar, und auch ich fange an zu grinsen.

»Hat mir Basti aus der B gerade geschickt«, erklärt Leon. »Der ist doch jetzt mit Sophie zusammen.«

»Na, mal schauen, wie lange noch, wenn die das rauskriegt«, sage ich.

»Das sind auf jeden Fall keine schlechten Aussichten«, lacht Marvin, und unisono drehen wir alle unsere Köpfe und schauen rüber zu den Mädels, wo auch Sophie sitzt und Salat aus einer Tupperdose in sich reinschaufelt. Noch mal geht ein Raunen durch die Bank, dann steckt Leon das Handy weg, und wir wenden uns wieder dem unmöglichen Lernpensum für die Klassenarbeit am Freitag zu.

Was hier gerade passiert ist? Na ja, da wir Teenager in der heutigen Zeit so viel mit Bildern kommunizieren, passiert es schon mal, dass ein eher privater Schnappschuss seinen Weg in den falschen WhatsApp-Chat findet. Auf Deutsch: Basti hat gerade ein Oben-ohne-Selfie von Sophie an Leon weitergeleitet, das ganz bestimmt nicht für diesen gedacht war! Und ein Versehen war das sicher auch nicht ...

Tja, liebe Eltern, und damit wären wir beim Thema ›Pornos‹ und ›Cybermobbing‹. Hattet ihr schon bei der Erwähnung von Onlinestreams und Ballerspielen Angstschweiß auf der Stirn, dürfte nun endgültig Krisenstimmung herrschen, stimmt's? Und gibt euch die eben geschilderte Szene nicht recht in euren schlimmsten

Befürchtungen, dass dieser ganze Onlinekram die Jugend verdirbt und uns zu notgeilen Sexmonstern macht, die vollkommen sorg- und verantwortungslos mit der eigenen Privat- und Intimsphäre umgehen? Schmiedet ihr bereits Pläne, wie ihr uns vom WLAN-Netz trennen und in ein prätechnisiertes Zeitalter verfrachten könnt – vielleicht 'ne Hütte im tiefsten Brandenburg kaufen, wo die Netzanbindung nur bei allerschönstem Wetter und dann auch nur in drei von hundert Häusern funktioniert?

Nun mal langsam und eins nach dem anderen. Zunächst mal: Bei der Geschichte mit dem Oben-ohne-Selfie hat niemand Schaden genommen, zumindest nicht so wirklich. Sophie hat es später tatsächlich rausbekommen und mit Basti Schluss gemacht – das hat er aber auch einfach mal verkackt. Klar war Sophie die Sache unendlich peinlich, aber am Ende hat niemand sie gedisst, weil er ihre Brüste gesehen hat. Warum auch: Brüste sind schließlich was völlig Normales und kommen heutzutage in jedem Kinofilm vor. Das soll jetzt natürlich nicht heißen, dass es kein Problem ist, wenn jeder Nacktfotos von sich herumschickt und andere das dann mit ihrem ganzen Bekanntenkreis teilen, aber in Zeiten von Snapchat und WhatsApp passiert so was eben mal. Ein Oben-ohne-Selfie ist schnell gemacht, wenn man verknallt ist, und natürlich ist man vollkommen davon überzeugt, dass einem die große Liebe nie, nie, nie was Böses tun könnte. Was dann aber mit dem Bild passiert, nachdem es abgeschickt wurde, lässt sich natürlich nicht mehr kontrollieren, und oft ist es mit den großen Gefühlen bei uns Teenies ja auch ziemlich schnell wieder vorbei ...

Das ist scheiße, keine Frage, aber auch hier kann ich Entwarnung geben: Es ist auf keinen Fall so, dass das jede Woche oder gar jeden Tag passiert! Ein-, zweimal im Jahr kommt so was mal vor, ist dann für die betreffenden Personen aber auch nicht gleich das Ende der Welt – eben weil es in unserer heutigen Zeit kein Einzelfall mehr ist. So was wäre früher vielleicht noch schlimmer gewesen, als Nacktbilder was total Krasses waren (einfach auch, weil die Erstellung so viel aufwendiger war – Kamera besorgen, einstellen, knipsen, entwickeln ... meine Fresse!), aber heute ist es ein ganz normales Risiko, dem man am besten entgeht, indem man seine privaten Bilder einfach für sich behält. Und wenn es dann doch mal passiert, wie gesagt: locker bleiben. Ich habe noch nicht erlebt, dass jemand seinen Ruf verloren hat, nur weil solche Bilder aufgetaucht sind.

Überhaupt täte euch ein etwas lockererer Umgang in Sachen Sex ganz gut, denn dann könnten wir mal offen darüber reden und ihr müsstet uns nicht immer die schlimmsten Dinge unterstellen. Soll ich euch was verraten? Ja, ich hab schon mal online einen Porno geschaut – und 99 Prozent meiner Freunde ebenfalls. Vielleicht auch nicht nur einen, sondern mehrere – aber wen interessieren denn hier schon genaue Zahlen? Tatsache ist: Klar sind im Internet Pornos jederzeit frei verfügbar, und zwar aus jeder Kategorie (auch solche, die so absurd sind, dass man sie sich nicht mal ausdenken könnte ...). Aber das muss ich euch wohl nicht sagen, denn ganz ehrlich: Ich glaube, das wisst ihr selbst gut genug.

Das Ding ist allerdings, dass das für die meisten Erwachsenen immer noch eine richtig krasse Sache ist (»Pornos! Im *Internet!* Für *umsonst!* Wer hätte das vor zwanzig Jahren gedacht?«), während wir Jugendlichen es – wieder mal – gar nicht anders kennen. Die Fülle an Informationen und Inhalt, die das Internet bietet, ist etwas, mit dem wir Teenager nun mal aufgewachsen sind, und Content rund ums Thema Sex ist da keine Ausnahme. Und deshalb ist es auch normal, dass wir, sobald sich die ersten Pubertätshormone regen und wir neugierig werden, auch die entsprechenden Websites besuchen und uns da mal näher anschauen, was ihr vielleicht früher zuallererst auf der ›Dr. Sommer‹-Seite der *Bravo* nachgelesen habt.

Aber bedeutet das gleich ein Abdriften in irgendein Extrem? Welches denn bitte schön? Wollt ihr wirklich wieder mit dem guten, alten »Onanieren macht dumm« ankommen? Und glaubt ihr allen Ernstes, dass die leichte Verfügbarkeit von Pornos uns zu perversen Sexsüchtigen macht, wie ihr euch das in euren schlimmsten Albträumen ausmalt?

Ich kann da nur wieder mal sagen: Kommt runter, Leute! Die meisten in meinem Bekanntenkreis haben mit 13 oder 14 ihren ersten Porno geschaut, manche vielleicht ein bisschen früher, manche später. Wir waren und sind halt genauso neugierig, wie ihr das früher auch wart. Und wie es alle Teenager nach uns sein werden. Der Unterschied ist bloß: Ihr hattet es schwerer als wir. Ihr musstet euch erst das entsprechende Heft besorgen, oder ihr kanntet jemanden, der jemanden kannte, der eine Videokassette mit einem ganz speziellen Filmchen hatte, und dann brauchtet ihr eine sturmfreie Bude. Dagegen haben wir's mit all den Webportalen natürlich wesentlich leichter, aber vielleicht hat die ganze Porno-Geschichte auch gerade dadurch, dass sie ständig verfügbar und damit so selbstverständlich geworden ist, etwas von ihrem Reiz verloren. Jedenfalls spielen Pornos keine weltbewegende Rolle in unserem Leben. Sie sind da, und man kann auf sie zugreifen, das wissen alle, aber wir reden nicht ständig darüber und schicken sie uns auch nicht gegenseitig zu – wozu denn auch?! Und dass jemand es mit seinem Pornokonsum übertreibt, habe ich selbst noch nie mitbekommen. Klar kann es gut sein, dass es solche Fälle gibt, aber das ist dann in meinen Augen das Gleiche wie mit den Computerspielen: Wenn sich jemand so in seinem Onlinekonsum verliert, dass sein richtiges Leben darunter leidet, dann lief da vorher schon gehörig was schief.

Über das Argument, ständiger Pornokonsum würde unsere Vorstellungen von Sexualität durcheinanderbringen, kann ich genauso nur lachen. Jeder Zehnjährige guckt *James Bond* und weiß, dass das nur ein Film ist. Meint ihr nicht, dass er dann genauso in der Lage ist, bei einem Porno zwischen gestellter Show und Realität zu unterscheiden? Nur weil wir uns virtuell Dinge ansehen, die weniger alltagstauglich sind, heißt das nicht, dass wir alles nachmachen oder für normal halten. Wobei ja gerade beim Thema Sex noch die Frage ist, was eigentlich normal ist und was nicht. Vielleicht ist es eher andersherum: Vielleicht verhilft die Verfügbarkeit von wirklich allem Denk- und Undenkbaren manchen Leuten erst zu einem gesunden Verhältnis zu Sex. Wenn sich alles immer hinter geschlossenen Türen abspielt und niemand über irgendwas redet, wie soll man denn da auf den Trichter kommen? Schüchternen können Pornos zum Beispiel helfen, die Fragen zu beantworten, die sie sich nie zu stellen trauen würden.

Also: Kommt mal runter, wir sind nicht verdorbener als ihr. Und bei unserem ersten Mal fesseln wir uns auch nicht gegenseitig an Lüftungsrohre, tragen Kostüme aus der Gruselabteilung oder erwarten von unserem Mädchen, dass es uns die Sekretärin macht.

•

Ein anderes Thema, das in Zusammenhang mit Freizügigkeit im Internet gern mal aufpoppt, ist das sogenannte Cybermobbing. In den Medien kursieren ja gern mal Geschichten von Jugendlichen, die von der Onlinecommunity so fertiggemacht wurden, dass sie nicht nur die Schule wechseln, sondern auch gleich in eine andere Stadt ziehen mussten. Und so macht das Cybermobbing vielen Eltern große Sorgen. Normales Mobbing ist ja schon richtig mies, aber dann auch noch online, wo man ständig erreichbar ist und die Grausamkeiten quasi 24 Stunden am Tag ausgeteilt werden können? Das klingt sogar in meinen Ohren ziemlich brutal. Potenziell zumindest, denn auch hier muss ich wieder sagen: Solche Fälle mögen vereinzelt vorkommen und dann in den Medien überall präsent gemacht werden, in meinem Umfeld allerdings habe ich so was noch nie mitbekommen. Klar liefern sich ab und zu Leute in Kommentarspalten, zum Beispiel bei Instagram, kleine Wortduelle und machen sich gegenseitig runter, weil sie sich nicht mögen, aber das sind dann nur Fortführungen von ganz normalen Streits aus dem echten Leben, also einer gegen einen, und ganz bestimmt kein Cybermobbing!

Dass man sich online nie über jemanden lustig macht, will ich damit gar nicht sagen – das kommt schon hin und wieder vor. Kürzlich zum Beispiel hielt Yasmin in Bio ein Referat über Fotosynthese und hatte dazu wirklich den allerhässlichsten grün-braunen Pulli an, den man sich vorstellen kann, mit so komischen Fransen an den Ärmeln. Bestimmt war der inspiriert von irgendeiner Fashionbloggerin auf Instagram – als Normalsterblichem fehlten einem da allerdings einfach nur die Worte. Dafür hat man dann aber ja praktischerweise WhatsApp:

Was ist das?? poppte keine zehn Sekunden später eine Nachricht von Paul auf meinem Handydisplay auf, dahinter diverse Blatt- und Baum-Emojis.

Ich unterdrückte ein Kichern und schrieb zurück: *Sie macht auch Fotosynthese, ist doch klar.*

Und damit war die Sache dann erledigt – ohne dass Yasmin groß darunter gelitten hätte, denn sie hat's ja nicht mal mitbekommen. Cybermobbing kann man das also kaum nennen, auch wenn es mit WhatsApp und somit online passiert ist. Nee, das ist einfach nur das gute alte Witze-Reißen, das man auch im echten Leben – übrigens nicht nur als Teenager! – gern mal macht, einfach nur, weil sich die Situation anbietet und ganz ohne böse Hintergedanken. Das Einzige, was anders ist: Man tuschelt nicht hinter vorgehaltener Hand oder schreibt sich Zettelchen hin und her, sondern tippt eben 'ne WhatsApp-Nachricht – was im Zweifelsfall sogar diskreter ist.

Aber gut, Privatchats sind eine Sache, die sozialen Netzwerke, wo alles öffentlich oder zumindest für mehrere Menschen zugänglich gepostet wird, noch mal eine ganz andere, und der Umgangston hängt ganz davon ab, wie die einzelne App gestaltet ist. Bei Snapchat oder Instagram, bei denen jeder User klar identifizierbar ist, wirft beispielsweise niemand einfach so mit Beleidigungen um sich. Wenn man hier eine Nachricht oder einen Kommentar von jemandem erhält, weiß man normalerweise, mit wem man es zu tun hat, und daher benehmen sich die Leute nicht schlechter als im richtigen Leben.

Ganz schön traurig eigentlich, dass das nicht so bleibt, wenn man sich hinter der Anonymität eines Nicknames verstecken kann. Denn dann sieht's schon ganz anders aus! Auf YouTube zum Beispiel ist fast niemand unter seinem echten Namen zu finden, was aus irgendeinem Grund dazu führt, dass die Kommentarspalten voll sind von Beleidigungen und Kommentaren unter der Gürtellinie. Und auch auf manchen Facebook-Seiten toben sich die Leute so richtig aus – wobei sie sich meist zuvor einen Fake-Account erstellen, damit sie ihren Dampf ablassen können, ohne dass irgendjemand weiß, wer sie sind. Das ist aber kein Phänomen, dass nur uns Teenager betrifft, nein, diese sogenannten ›Trolls‹ finden sich leider in jeder Altersgruppe. Wenn ihr die offiziellen Facebook-Seiten von Zeitungen lest, kennt ihr das: Was die Menschen da für einen Schrott unter die Artikel posten, ist wirklich nicht mehr schön. Wer klug ist, liest die Kommentare deshalb erst gar nicht!

Wenn man als Jugendlicher mit dem Gedanken spielt, Videos bei YouTube zu veröffentlichen oder seinen Bekanntheitsgrad über soziale Netzwerke zu erweitern, sollte man das im Hinterkopf behalten: Wenn man irgendwas öffentlich postet, wird es immer jemanden geben, der einen runtermacht. Das ist leider eine Tatsache und auf jeden Fall eine Doktorarbeit in Soziologie wert.

Für normale Menschen wie meine Freunde und mich spielt das trotzdem keine große Rolle, weil wir es mit unseren Accounts nicht auf Bekanntheit anlegen, sondern einfach nur auf den Austausch mit Leuten, die wir sowieso schon kennen. Und die sind im Regelfall glücklicherweise keine Arschlöcher!

Also, liebe Eltern, ihr dürft aufatmen! Wahrscheinlich lest ihr bei Facebook unter einem *Zeit Online*-Artikel im Kommentarbereich zehnmal schlimmere Sachen als wir, wenn wir ein Selfie auf Instagram posten ...

•

Ich will nicht sagen, dass das Internet eine große, heile Welt ist, in der niemals irgendwas Schlimmes passiert und man nur rosa Glitzercontent mit lieblichen Einhörnern findet. Ganz und gar nicht! Im Internet gibt es richtig viel Scheiß, und wenn man mal ein bisschen tiefer gräbt, findet man sogar total gestörte Seiten, auf denen man sich Bilder von krassen Unfällen anschauen kann oder Videos vom IS, in denen sehr detailreich gezeigt wird, wie Leute geköpft werden ... dagegen sind Pornos ja wirklich noch das kleinere Übel!

Aber keine Sorge – über diesen Kram stolpert man nicht einfach so, nur weil man für sein Referat in Politikwissenschaft die Stichworte ›Terrorismus‹ und ›Dschihad‹ gegoogelt hat. Nein, man muss schon wissen, wo man suchen muss, denn so leicht ist der wirkliche

Dreck nicht zu finden – und auf den allermeisten Social-Media-Plattformen ohnehin verboten.

Und dass es diese Dinge gibt, heißt auch noch lange nicht, dass wir Teenager sie uns anschauen – ihr kauft ja auch nicht jede Zeitung, nur weil euer Kiosk des Vertrauens sie führt. Kann gut sein, dass es ein paar Teenager gibt, die sich Videos von echten Enthauptungen reinziehen – aber die Norm ist es definitiv nicht. Und auch hier denke ich mir wieder, dass es nicht unbedingt so viel zu sagen hat, wenn ein kleiner Prozentsatz sich an solchen Inhalten bedient und irgendwie darauf abgeht. Denn bevor es das Internet gab, hätten diese Leute dann eben irgendwas anderes Krankes gemacht, will sagen: In meinen Augen hat das Internet keine Schuld an so was, es öffnet nur neue Türen. Abgründe gab es auch schon vor dreißig Jahren – und die waren genauso tief!

Ich weiß ja, dass Eltern im Normalfall nur das Beste für ihre Kinder wollen, und deswegen würde ich euch auch gern alle Ängste und Sorgen rund um das Thema Internet nehmen – leider funktioniert das so aber nicht. Genauso wenig, wie es möglich ist, seinen Nachwuchs vor allen Gefahren und falschen Abzweigungen zu schützen, die im echten Leben auf ihn lauern. Scheiße passiert überall, nicht nur im Internet.

Zum Abschluss kann ich deshalb nur sagen, dass ich als 16-jähriger Teenager, der diese ganzen Sachen Tag für Tag hautnah erlebt, noch nicht daran zugrunde gegangen bin, sondern im Gegenteil ein ziemlich normales

Leben führe – nur eben mit WhatsApp und Instagram. Irgendwann muss man der jungen Generation eben auch mal etwas Vertrauen schenken und sich denken: Die sind damit aufgewachsen, die wissen schon, was sie machen! Tun wir nämlich. Es gibt also wirklich keinen Grund, panisch den Browserverlauf eures Sprösslings zu durchsuchen, während der die Schulbank drückt. Entspannt euch mal lieber. Denn ganz ehrlich: Die verräterischen Seiten hat er doch sowieso schon längst gelöscht!

Und zum Schluss: Ist das jetzt eigentlich alles so schlimm?

Na, hab ich euch zu viel versprochen? Vom Hausaufgabenabschreiben 2.0 mittels WhatsApp über die Starallüren der Generation YouTube bis hin zum seltsamen Verhalten von *Pokémon Go*-süchtigen Passanten habt ihr in diesem Buch jede Menge Details über das mehr oder weniger geheime Onlineleben von uns Teenagern erfahren. Tja, liebe Erwachsene, das gab es wohl alles so noch nicht, als man Telefonate unterwegs nur von Telefonzellen aus erledigen konnte ... Wer einen Moment braucht, um das alles zu verdauen – kein Problem, lehnt euch zurück und atmet ein paarmal tief durch, ich checke in der Zwischenzeit mein Instagram.

Jetzt aber mal ernsthaft: Ich hoffe, ich konnte auf den letzten 214 Seiten so einige Zweifel ausräumen, die Fraktion der allzu besorgten Eltern wenigstens ein bisschen beruhigen und dem ein oder anderen Vertreter der älteren Generation unser heiß geliebtes WhatsApp oder vielleicht sogar Snapchat schmackhaft machen. Ausprobieren kostet ja nichts, hab ich recht? Im besten Fall habt ihr euch beim Lesen dieses Buches gut amüsiert und dabei – natürlich – noch eine ganze Menge Neues gelernt. Und wer jetzt immer noch daran zweifelt, dass diese ganze Sache mit dem technologischen Fortschritt, mit Smartphones und Apps, WLAN und sozialen Netzwerken durchaus ihre Vorteile für die junge Generation hat, für den rede ich hier noch mal Klartext. Dass wir Teenager 24 Stunden am Tag online sind, ist schon okay, weil ...

1. **... Scheiße überall passiert, nicht nur im Internet.** Na gut, das ist vielleicht das am wenigsten überzeugende Argument – darum steht es ja auch auf Platz eins in dieser Liste. Aber mal ehrlich: Teenager haben schon immer Mist gebaut, das war vor fünfzig Jahren so, als noch nicht mal alle Haushalte überhaupt ein Telefon, geschweige denn einen Fernseher hatten. Und das war auch schon vor hundert Jahren so, als man noch Gaslicht zur Straßenbeleuchtung benutzte. Alles Verbotene ist nun mal verführerisch, und wenn man jung ist, gibt es so einiges, was nicht erlaubt ist. Früher haben die Teenies vielleicht noch ein Pornoheft beim Kiosk gekauft, weil sie neugierig waren, heute klickt man einfach auf den entsprechenden Link bei Google. Ist das etwa schlimmer? Nee, ehrlich nicht! Denn wer wirklich auf die schiefe Bahn abrutscht, der macht ganz andere Sachen. Ich sage nur: Ladendiebstahl, Drogen ... Da gibt's 'ne Menge Möglichkeiten, und illegale Musikdownloads sind nur die winzige Spitze des Eisbergs. Eigentlich solltet ihr also froh sein, wenn wir den ganzen Tag nur vor

unserem Smartphone abhängen – da sind wir immerhin beschäftigt und stellen keinen Unsinn an!

2. **… Veränderung zum Leben dazugehört.** Das solltet ihr doch eigentlich wissen, immerhin habt ihr mehr Lebenserfahrung als wir. Und: Ihr habt in der Vergangenheit ja schon so einiges unbeschadet überlebt, die Verbreitung des Computers zum Beispiel oder die Erfindung des Handys. Das hat ja auch niemandem geschadet – warum sollten es also Smartphones und Social Media auf einmal tun? Die Kultur entwickelt sich weiter, und was am Anfang bedrohlich scheint, ist zehn Jahre später schon nicht mehr aus unserem Leben wegzudenken. Als im 19. Jahrhundert die Eisenbahn erfunden wurde, sind die Ärzte reihenweise ausgeflippt, weil sie dachten, dass der menschliche Körper bei einer Geschwindigkeit von vierzig Stundenkilometern – ja, ernsthaft jetzt – schlimme Hirnschäden davontragen würde. Und würdet ihr heute auf eure komfortablen Reisen im ICE verzichten wollen? Ich glaube ja nicht.

3. **… vieles durch den technologischen Fortschritt einfacher geworden ist.** Man ist in einer fremden Stadt zu Besuch und hat sich verlaufen? Eine Bioklausur steht an, und man hat sein Buch verlegt? Man hat den Bus verpasst und braucht dringend jemanden, der einen abholt? Alles Situationen, in denen sich

früher der Herzschlag spontan beschleunigt und man sich gedacht hätte: Mist, was mache ich jetzt? Heutzutage zückt man einfach sein Smartphone, um das Problem zu lösen. Man kann den technologischen Fortschritt schlechtreden, wie man will, aber wirklich jeder von uns muss zugeben: Er hat schon seine praktischen Seiten, besonders wenn man – wie der Durchschnittsteenager von heute – weiß, welche Möglichkeiten Smartphones und das Internet bieten. Vor allem unser Sozialleben hat sich in den letzten Jahren um einiges verändert. Früher hat man Menschen noch aus den Augen verloren, heute bleibt man für immer mit ihnen auf Facebook vernetzt – das Pflegen und Auffrischen sozialer Kontakte ist dadurch so einfach wie nie zuvor. Das ist nicht nur praktisch im Privatleben, sondern kann einem auch später in der Berufswelt von Nutzen sein. Denn dass gutes Netzwerken die halbe Miete ist, wissen wir ja alle, oder?

4. **... das Internet unseren Horizont erweitert.** Das Internet ist nicht nur Quelle allen Übels – zumindest wenn es nach so manchem pessimistischen Erwachsenen geht – und die beste Möglichkeit, um sich von den Hausaufgaben abzulenken, nein, es ist viel mehr als das! Online wartet ein riesiger Schatz an Wissen und Informationen auf uns, der nicht nur unseren Alltag erleichtert, sondern uns auch dabei

helfen kann, uns als Menschen zu entwickeln, indem wir spannende Dinge und neue Interessen entdecken. Wer sich heute Fachwissen anlesen will, muss nicht mehr in die Bibliothek und dicke Bücher wälzen, sondern gibt einfach den gesuchten Begriff in eine Suchmaschine ein. Natürlich gibt es im Internet viel Schrott – aber eben auch genauso viel wertvollen Content, der uns begeistert und weiterhilft.

5. **... online jeder seinen Platz findet.** Wer früher in der Schule keine Freunde hatte, war ganz schön arm dran – heute findet man mit ein bisschen Glück sozialen Anschluss im Internet. Nicht unbedingt das, was sich die Eltern vorstellen, aber doch besser, als einsam in seinem Zimmer zu sitzen, oder? Und das ist ja auch nur ein Beispiel von vielen. Tatsache ist: Das Internet bietet unbegrenzten Platz für alle von uns, egal wie alt wir sind, wie wir aussehen, welche Interessen wir haben. Online gibt es mit an hundert Prozent grenzender Sicherheit Menschen, die ähnlich ticken wie wir. Und wenn wir ein Mittel zur Selbstdarstellung und zum künstlerischen Ausdruck suchen – kein Problem, im Internet finden wir garantiert ein Publikum, sei es zu Beginn auch noch so klein. YouTube, Instagram und Co sind eine super Spielwiese für alle, die sich kreativ austoben und etwas mit der Welt teilen wollen. Etwas Vergleichbares gab es früher nicht – lasst uns das doch einfach mal so festhalten.

6. ... es uns perfekt auf unser Leben als Erwachsene vorbereitet. »Früher war alles besser« ist ja einer dieser Klischeesätze, genauso wie: »Als wir jung waren, haben wir noch draußen im Wald gespielt.« Dabei vergesst ihr oft, dass es total schlimm wäre, wenn wir genau die gleichen Sachen machen würden wie ihr früher. Denn die Welt dreht sich ja weiter und spätestens, wenn wir unserer heilen Teenager-Welt entwachsen sind, wären wir ganz schön angearscht. Wie sollten wir denn in unserem Job damit klarkommen, dass wir plötzlich Computer und Smartphones bedienen müssen, wenn wir das vorher nie gemacht hätten? Und was würden wir mit Facebook, Instagram, Twitter und so weiter anfangen – also allen Social-Media-Diensten, die mittlerweile auch in einem Großteil der Unternehmen von enormer Wichtigkeit sind –, wenn wir sie vorher noch nie benutzt hätten? Die Zeit, die wir im Internet verbringen, ist also alles andere als vergeudet. Ganz im Gegenteil! Sie bereitet uns perfekt auf das vor, was uns später im Berufsalltag erwartet. Videos schneiden? Klar, können wir, weil wir es durch unsere ersten Gehversuche auf YouTube gelernt haben. Content für die Follower einer Marke ansprechend verpacken? Logo, wir haben ja unsere ganze Jugend über nichts anderes gemacht. Scannen, E-Mails schreiben, Textverarbeitung? Gähn, das ist was für Anfänger. Die Dinge, mit denen ihr zu Beginn noch ab und zu so eure Problemchen hattet, gehören für uns schon längst zum Standard. Alles andere sind wertvolle Zusatzqualifikationen, die sich positiv auf unsere Zukunft auswirken können. Klingt einleuchtend? Ja, ich weiß das schon lange ... und ihr jetzt hoffentlich auch!

Also, konnte ich euch damit überzeugen? Vielleicht überlegt ihr es euch ab jetzt ja zweimal, ob ihr wirklich auf Durchzug schalten wollt, wenn euer Kind, euer Neffe oder irgendein anderer x-beliebiger Teenager mal wieder irgendetwas Unverständliches von der neuesten Social-Media-App erzählt, die gerade an Coolness nicht zu überbieten ist und auf keinem Smartphone fehlen darf. Vielleicht fragt ihr stattdessen einfach interessiert nach und hört zu. Denn eins ist sicher: Der Überblick in diesem Buch mag so umfassend sein, wie er will – die Chance ist groß, dass morgen schon wieder eine neue App gelauncht wird, die alles, was es heute gibt, ganz schnell alt aussehen lässt. Ich jedenfalls schaue gleich mal im App Store vorbei und gucke, was es da so Neues gibt. Macht ihr mit?

DANKSAGUNG

Besonderer Dank gilt Tanja Bertele und Friederike Haller, die mich kräftig dabei unterstützt haben, meinen durch ständige Onlinepräsenz ohnehin nicht mehr sonderlich roten Faden zusammenzuflicken. Das hinterlässt ja auch alles seine Spuren im Gehirn, stimmt's, Mama? Abgesehen davon wäre es auch Gift für meine Deutschnote, wenn das hier jetzt der Maßstab für meine Texte ist. #boundtofail. Meiner Familie möchte ich auch danken, die mich immer unterstützt hat, allen voran meine Mutter. Ohne euch würde es dieses Buch nicht geben. *See you on Snapchat!*

BILDNACHWEIS

Impressum

Robert Campe
What's App, Mama?
Warum wir Teenies den ganzen Tag online sind – und warum das okay ist!
ISBN: 978-3-959101-09-7

Eden Books
Ein Verlag der Edel Germany GmbH
Copyright © 2017 Edel Germany GmbH, Neumühlen 17, 22763 Hamburg
www.edenbooks.de | www.facebook.com/EdenBooksBerlin |
www.edel.com
2. Auflage 2017

Einige der Personen im Text sind aus Gründen des Persönlichkeitsschutzes anonymisiert.

Projektkoordination: Svenja Monert
Text: Robert Campe in Zusammenarbeit mit Tanja Bertele
Lektorat: Friederike Haller
Umschlaggestaltung: Fidel Bums und Nico Klein-Allermann
Layout und Satz: Datagrafix GmbH | www.datagrafix.com
Druck und Bindung: optimal media GmbH, Glienholzweg 7,
17207 Röbel/Müritz

Das FSC®-zertifizierte Papier *Holmen Book Cream* für dieses Buch lieferte Holmen Paper, Hallstavik, Schweden.

Printed in Germany

Dieses Buch ist auch als E-Book erhältlich.

Um die kulturelle Vielfalt zu erhalten, gibt es in Deutschland und in Österreich die gesetzliche Buchpreisbindung. Für Sie, liebe Leserin und lieber Leser, bedeutet das, dass Ihr verlagsneues Buch jeweils überall dasselbe kostet, egal, ob Sie Ihre Bücher gern im Internet, in einer großen Buchhandlung oder beim kleinen Buchhändler um die Ecke kaufen.